Educação Física Infantil:
Inter-relações

movimento • leitura • escrita

2ª Edição
Revisada e Ampliada

Mauro Gomes de Mattos
Marcos Garcia Neira

Educação Física Infantil:
Inter-relações

movimento • leitura • escrita

2ª Edição
Revisada e Ampliada

Educação Física Infantil: Inter-relações movimento-leitura-escrita
Copyright © 2002, 2007 by Phorte Editora Ltda.
2ª Edição – 2007

Rua 13 de Maio, 598 – Bela Vista – São Paulo – SP
CEP: 01327-000 – Brasil
Tel/Fax: (11) 3141-1033
Site: www.phorte.com   E-mail: phorte@terra.com.br

Produção e Supervisão Editorial: Fábio Mazzonetto
Gerente Editorial: Sérgio Roberto Ferreira Batista
Revisão: Andréa Vidal
Projeto Gráfico, Ilustrações e Capa: Luz García Neira
Diagramação: Waldelice Helena de Moraes Dias
Impressão:Prol

Nenhuma parte deste livro pode ser reproduzida ou transmitida de qualquer forma ou por quaisquer meios eletrônico, mecânico, fotocopiado, gravado ou outro, sem autorização prévia por escrito da Phorte Editora Ltda.

```
CIP-BRASIL. CATALOGAÇÃO-NA-FONTE
SINDICATO NACIONAL DOS EDITORES DE LIVROS, RJ.

M392e
2.ed.

   Mattos, Mauro Gomes de, 1946-
      Educação física infantil : inter-relações : movimento, leitura, escrita
   / Mauro Gomes de Mattos e
   Marcos Garcia Neira. - 2.ed. rev. e ampl. - São Paulo : Phorte, 2007
   il. ;

     Inclui bibliografia
     ISBN 978-85-7655-098-3

     1. Educação física para crianças. 2. Educação pelo movimento. 3.
   Escrita. 4. Leitura. I. Título.

   06-3909.           CDD 613.7042
                      CDU 613.71-053.2

   23.10.06   26.10.06
   016724
>
```

Impresso no Brasil
Printed in Brazil

Dedicamos

À Délcia,
    incentivadora na construção da minha vida profissional.
Aos meus filhos Mônica e Mauro,
    razão do meu trabalho.
    As suas vidas constituem o incentivo
    a prosseguir na busca de novos rumos para a educação.

                              Mauro

Ao Marquinhos,
    Eu não vi o seu primeiro passo;
    Nem ouvi a primeira palavra;
    Tampouco sei qual a primeira letra que escreveu.
    Nesses anos, recortei minutos de felicidade,
    aproveitando a tua presença (sempre) tão breve.

    À distância, passo os dias na vontade de te pegar no colo,
    brincar um pouco de pai e filho e dar risada.
    Na oração da noite, antes de dormir,
    Peço tudo prá você.

                              Marcos

Agradecemos

Aos alunos do 1º ano do ciclo inicial do Ensino Fundamental da EMEF Júlio Mesquita, pela aprendizagem proporcionada no decorrer das aulas.

Às alfabetizadoras da Regional Sul - 3, instigadoras do nosso pensamento pedagógico, proporcionando o diálogo necessário à formatação de uma Escola Pública de qualidade.

Sumário

Prefácio.. 11

Apresentação... 13

Introdução... 15

PARTE I - O desenvolvimento da proposta de movimento, leitura e escrita 17

    Primeiras letras.. 19

    Educação Física Infantil: uma concepção pedagógica............................. 25

    Ler, escrever e as possibilidades de participação do movimento............... 31

    Implementação da proposta...39

    A organização da proposta.. 43

PARTE II - Pressupostos teóricos 53

    Educação Física: pressupostos para uma nova concepção....................... 55

    Alfabetização: dos métodos à construção... 67

    Compreendendo a construção do conhecimento.................................... 79

    Para uma articulação com a psicologia genética....................................89

Referências Bibliográficas... 93

Sobre os autores..97

Apêndice...99

Prefácio

É motivo de satisfação para mim apresentar a obra: "Educação Física Infantil: inter-relações movimento, leitura e escrita", proposta pelos educadores Prof. Dr. Mauro Gomes de Mattos e Marcos Garcia Neira.

O primeiro, colega da FEUSP, professor de destaque na área de Educação Física, em todos os níveis de ensino. Marcos fez Mestrado comigo na FEUSP e prosseguiu, no Doutorado, a mostrar a mesma garra e competência que extrapola o âmbito da Educação Física. Ambos trazem com este novo livro uma contribuição àqueles educadores que atuam na Educação Infantil e séries primeiras do Ensino Fundamental.

Nesta obra, a Educação é concebida como um ato político e criador. O diálogo, as relações interpessoais são concebidas no plano horizontal e os desafios propostos corroboram para a construção do conhecimento do aluno e, também situam o professor como ser pensante. As situações de aprendizagem desenvolvidas com respeito, compreensão e tolerância tornam-se importantes recursos à construção da cidadania do aluno.

Tanto a motricidade quanto a cognição são consideradas dinamicamente e as manifestações do ato motor são continuamente valorizadas.

Os professores Mauro e Marcos tecem uma crítica produtiva à escola que tenta conter a expressividade do movimento infantil. Mostram que a criança que se movimenta não deve ser considerada indisciplinada, mas está mostrando formas de expressão, de engajamento, uma vez que os movimentos são portadores de significação.

As atividades motoras são propostas considerando as diferentes relações que podem ser estabelecidas entre a leitura e a escrita. Assim: há atividades que utilizam a expressão escrita enquanto forma de representação; outras, que contribuem para o desenvolvimento da memória, das habilidades operatórias de pensamento (observação, comparação, análise, síntese etc.), além daquelas favorecerem o desenvolvimento da atenção, da percepção, da orientação no tempo e no espaço.

Afinal, a criança é uma, estando na aula de Educação Física, ou quando está desenvolvendo atividades mais voltadas à leitura e escrita em sala.

Os autores desta obra valem-se das idéias importantes de pesquisadores e escritores que são expoentes à construção do conhecimento infantil, não podendo mencionar a todos, destaco: Piaget, Paulo Freire, Vygotsky e Emilia Ferreiro que, certamente, estarão dialogando ao longo deste livro com os leitores.

Profa. Dra. Marieta Lúcia Machado Nicolau

Professora Associada de Psicologia da Educação e pesquisadora / FEUSP

Apresentação

Com júbilo e contentamento, nos propusemos a escrever sobre alfabetização e movimento. A prática pedagógica na Educação Física, com aulas em todos os níveis de ensino, tem sido nosso principal campo de estudo e vivência. Há muito tempo, no entanto, nos encontramos envolvidos no processo de conquista e domínio do código escrito pelos alunos. Ser professor nas séries iniciais da escolarização é ser alfabetizador, é proporcionar aos educandos o acesso a conhecimentos de toda espécie, a chave da porta de entrada da cidadania, que passa, no nosso entender, pelas primeiras letras, pelas primeiras atividades motoras formalizadas, pela organização das ações no espaço, pelo convívio em grupo, pelas primeiras tarefas em grupo, etc. Assim, é-nos impossível entender o mover-se, o brincar e o jogar distanciados do escrever, do ler e do falar.

Nossa maneira de pensar as atividades motoras na Educação Infantil ou nas séries iniciais do Ensino Fundamental implica contundentemente no processo de letramento, de aquisição gradual de uma maneira diferenciada e mais eficaz de ser na sociedade. As páginas a seguir apresentarão a fundamentação e algumas sugestões práticas dessa proposta. Caro leitor, faça uso da sua imaginação ao percorrer as próximas páginas. Imagine uma escola diferente, com aulas de Educação Física diferentes, com as crianças brincando e desenhando, correndo e escrevendo, fazendo uso das diversas linguagens para a construção de uma participação social mais humana e eficaz. Essa é a nossa escola, a escola que desejamos para os nossos netos.

Mauro Gomes de Mattos e Marcos Garcia Neira

Introdução

Na primeira parte, a leitora (alfabetizadora) poderá encontrar a proposição de uma concepção lúdica para a construção da linguagem escrita e o leitor (professor de Educação Física) vislumbrará as inter-relações possíveis entre os elementos da cultura corporal de movimento e os processos daquela aquisição.

As idéias reunidas na segunda parte do livro apresentam a fundamentação para a proposta de Alfabetização e Educação Física ou Educação Física e Alfabetização expostas.

Encontramo-nos diante de um entrave educacional: é obrigação da Educação Básica o fornecimento dos instrumentos necessários para uma participação cidadã do homem brasileiro na sociedade. Em razão disso, no pouco tempo destinado à educação e nos parcos recursos disponíveis, o que temos visto é uma dedicação quase integral das professoras à alfabetização.

Nesse esforço, tememos que outros elementos colaboradores do processo, como é o caso da Educação Física, fiquem relegados ao terceiro ou quarto planos. Pensamos então em unir os dois: movimento e escrita; atividade lúdica e leitura e elaboramos a proposta que se apresenta.

Pelo que pudemos notar nas escolas públicas onde tais atividades aconteceram, o índice de significado e participação nas atividades – tanto nos momentos gráficos quanto nos lúdicos – foi extremamente satisfatório. O que alimenta a idéia e dá sustentação à implementação em outros locais com outras comunidades.

Tratar de algo tão querido às crianças como as atividades da cultura corporal de movimento e atribuir aos seus registros um outro significado, não se trata de modo algum em novidade pedagógica. Contudo, construir na escola de Educação infantil ou nas séries iniciais do Ensino fundamental uma prática pedagógica semanal de atividades motoras inter-relacionadas à alfabetização, é algo que até o momento limitou-se às nossas experiências.

O trato desse tema vinculado à construção dos jogos pelos alunos, dando-lhes vez e voz e alicerçado em dois fortes estudiosos, por um lado, Paulo Freire e por outro Jean Piaget, ilumina sobremaneira uma prática pedagógica sustentada pela conscientização do que se faz e pela mobilização de estruturas mentais para sua posterior reorganização em níveis mais elevados.

Convidamos as educadoras e educadores a compartilharem conosco essas experiências. Referimo-nos no seio da obra à uma Educação Física diferenciada, fugimos daquela onde os alunos apenas correm, suam e obedecem, optamos pela fala, pelas idéias e pelos desafios.

As atividades em anexo, apresentam o ponta-pé inicial, aquela forcinha necessária ao começo. Em pouco tempo, os alunos estarão brincando os próprios jogos, criando as próprias regras, descobrindo formas melhores de fazer o que eles já faziam. Que este livro sirva de estímulo e contribuição à uma pedagogia da ação, da reflexão e da construção.

PARTE I

*O desenvolvimento da proposta
de movimento, leitura e escrita*

Primeiras letras

É tempo de fazer a justa homenagem a todos os educadores que, incansavelmente, se dedicam a tonar mais suave o caminho da conquista do mundo letrado, sendo tal função ocupada em sua maioria por mulheres, nos referiremos a esses educadores sempre no gênero feminino, conferindo-lhes justiça, senão gramatical, ao menos, uma honraria consciente dada à importância dessa tarefa e do seu significado na sociedade atual.

Buscamos, entretanto, o exemplo e a inspiração em um alfabetizador brasileiro que muito tem influenciado o nosso pensamento e a nossa práxis. É tempo de apontar as contribuições deste (sempre vivo) professor, na conquista da motricidade pelos cidadãos, resgatando da sua imensa produção, os aspectos contribuintes para a nossa proposta.

A universalidade da obra de Freire decorre da aliança teoria-prática. Daí ser um pensamento vigoroso. Freire não pensou pensamentos, pensou a realidade e a ação sobre ela, trabalhou teoricamente a partir dela. Apresentou-nos uma concepção pedagógica que fundamentada nas ciências da educação, principalmente a psicologia e a sociologia, encaminhou milhares de homens e mulheres na conquista da sua própria identidade através do mundo letrado.

A sua teoria da codificação e da decodificação das palavras e temas geradores, caminhou passo a passo com o desenvolvimento da chamada "pesquisa participante".

Freire, pretendendo provocar profunda modificação no tipo de relacionamento do alfabetizando com a realidade, compreendeu que o processo de alfabetização só se impõe como força motivadora se for estabelecido forte liame psicológico entre a atividade alfabetizante e as situações de vida do alfabetizando. As técnicas conhecidas de alfabetização parecem um tanto distanciadas daquele a que se propõe alfabetizar. Percebeu Freire que o homem, mergulhado que está num tipo de cultura sedimentada, embora imprópria para enfrentar novas realidades, presencia um processo de aquisição da linguagem escrita que se apresente como um instrumento que, não desmerecendo o seu status, tem valor de chave para a solução de sua problemática vital.

A idéia de Freire consistia em fazer a alfabetização decorrer de um processo de substituição de elementos reais por elementos simbólicos; primeiro figurados (cartazes), depois verbalizados oralmente (discussão), para finalmente chegar à fase de sinais escritos (leitura), seqüência inversa à utilizada para crianças, em que a leitura figura como elemento instrumental de construção e enriquecimento da representação mental. No adulto, já existindo, abundantemente, essas representações, o problema está em fazê-las figuradas e significadas a fim de permitir maior operacionalidade psicológica, só possível através de símbolos e sinais. A alfabetização – em vez de impor-se como algo estranho ao mundo psicossociológico do alfabetizando – ajusta-se nesse quadro como decorrência natural da tomada de consciência lúcida dos fatos. A consciência crítica (que substitui a consciência mágica) tende para a mobilidade crescente que tem como instrumento natural a utilização da leitura, porta de entrada em novo mundo cultural simbolizado pela linguagem escrita. O que se propõe ao alfabetizando não é, simplesmente, a aquisição de uma nova técnica que ele não deseja e cuja utilidade não percebe: proporciona-se uma nova forma para a solução de seus problemas através do manejo de um instrumento que ele utiliza de forma autônoma.[1]

Queremos pensar a proposta de alfabetização e movimento na mesma direção, que os educandos teçam, através das atividades motoras, o mesmo contato com o real que os adultos de Freire teceram através do uso dos vocábulos do seu cotidiano. Pensando alto: haverá algo mais empolgante para uma criança que a possibilidade de fazer uso do código escrito para

registrar, interpretar, comunicar um jogo ou brincadeira que ele inventou ou descobriu ?

Não propomos em absoluto a substituição das atividades de sala de aula, estas fundamentais para essa conquista, apresentamos apenas mais uma possibilidade de "dar vida" ao que se lê, escreve ou fala.

De maneira esquemática, podemos dizer que a proposta freireana consiste de três momentos dialética e interdisciplinarmente entrelaçados:

a) a investigação temática, pela qual aluno e professora buscam, no universo vocabular do aluno e da sociedade onde ele vive, as palavras e temas centrais de sua biografia;

b) a tematização, pela qual eles codificam e decodificam esses temas; ambos buscam o seu significado social, tomando assim consciência do mundo vivido;

c) a problematização, na qual eles buscam superar uma primeira visão mágica por uma visão crítica, partindo para a transformação do contexto vivido.

Dada essa proposta, a obra de Paulo Freire pode ser vista tomando-o seja como cientista, seja como educador. Contudo, essas duas dimensões supõem uma outra: Freire não as separa da política, devendo ser também considerado como político. Esta é a dimensão mais importante da sua obra. Ele buscou nas ciências (sociais e naturais), elementos para, compreendendo mais cientificamente a realidade, poder intervir de forma mais eficaz nela. Por isso pensou a educação, ao mesmo tempo como ato político, como ato de conhecimento e como ato criador. Todo o seu pensamento tem uma relação direta com realidade. Essa é a sua marca. Ele comprometeu-se acima de tudo como uma realidade a ser transformada.

Freire propôs uma nova concepção da relação pedagógica. Não se trata de conceber a educação apenas como transmissão de conteúdos por parte do educador. Pelo contrário, trata-se de estabelecer um diálogo, isso

que a possibilidade de fazer uso do código escrito ou brincadeira que ele inventou ou descobriu?"

significa que aquele que educa está aprendendo também. A pedagogia tradicional também afirmava isso, só que em Freire o educador também aprende do educando da mesma maneira que este aprende dele. Não há ninguém que possa ser considerado definitivamente educado ou definitivamente formado. Cada um, a seu modo, junto com os outros, pode aprender e descobrir novas dimensões e possibilidades da realidade na vida. A educação torna-se um processo de formação mútua e permanente.

Há ainda que mencionar dois elementos fundamentais da sua filosofia educacional: a conscientização e o diálogo.

A conscientização não é apenas tomar conhecimento da realidade. A tomada de consciência significa a passagem da imersão na realidade para um distanciamento desta realidade. A conscientização ultrapassa o nível da tomada de consciência através da análise crítica, isto é, do desvelamento das razões de ser desta situação, para constituir-se em ação transformadora desta realidade.

O diálogo consiste em uma relação horizontal e não vertical entre pessoas implicadas, entre pessoas em relação. No seu pensamento, a relação homem-homem, homem-mulher, mulher-mulher e homem-mundo são indissociáveis. Como ele afirma: "Ninguém educa ninguém. Ninguém se educa sozinho. Os homens se educam juntos, na transformação do mundo". Nesse processo se valoriza o saber de todos. O saber dos alunos não é negado. Todavia, o educador também não fica limitado ao saber do aluno. A professora tem o dever de ultrapassá-lo. É por isso que ela é professora e sua função não se confunde com a do aluno.

Alimentado pelos resultados positivos obtidos nas experiências do Movimento de Cultura Popular no Recife na década de cinqüenta, onde a programação vinha de uma consulta aos grupos que estabeleciam os temas a serem debatidos e cabia aos educadores tratar a temática que o grupo propunha, acrescentando à sugestão deles outros temas ou assuntos que se inseriam como fundamentais no corpo inteiro da temática para melhor esclarecê-la. Freire descobriu que a forma de trabalhar, o processo do ato de aprender, era determinante em relação ao próprio conteúdo da aprendizagem. Não era possível, por exemplo, aprender a ser democrata com métodos autoritários.

A participação do sujeito da aprendizagem no processo de construção do conhecimento não é apenas algo mais democrático, mas demonstrou também ser mais eficaz. Ao contrário da concepção tradicional da escola, que se apóia em métodos centrados na autoridade da professora. Freire comprovou que as propostas onde alunos e professores atuam juntos são mais eficientes.

Freire foi, sem dúvida alguma, um educador humanista e militante. Sua concepção de educação parte sempre de um contexto concreto para responder a esse contexto. Entende ele, ser possível engajar a educação num processo de conscientização, desenvolvendo no educando uma consciência crítica, ou seja, articulada com a práxis. Para se chegar a essa consciência, que é ao mesmo tempo desafiadora e transformadora, são imprescindíveis o diálogo, a fala e a convivência.

O diálogo normalmente proposto pela escola sobre um determinado tema é vertical, forma o educando-massa, impossibilitando-o de se manifestar. Nesse suposto diálogo, ao educando cabe apenas escutar e obedecer. Para passar da consciência ingênua à consciência crítica, é necessário um longo percurso, no qual o educando rejeita a hospedagem do "dono do saber" dentro de si, que faz com que ele se considere ignorante e incapaz. É o caminho de sua auto-afirmação enquanto sujeito.

Na concepção de Freire, o diálogo é uma relação horizontal. Nutre-se de amor, humildade, esperança, fé e confiança. A experiência do diálogo educador-educando e educando-educando é o cerne de uma proposta de educação democrática. É preciso ter coragem de nos experimentarmos democraticamente, as virtudes não vêm do céu nem se transmitem intelectualmente, porque as virtudes são encarnadas na práxis.[2]

A primeira virtude do diálogo consiste no respeito aos educandos, não somente enquanto indivíduos, mas também enquanto expressões de uma prática social. Não se trata do espontaneísmo, que deixa os estudantes entregues a si próprios. A presença da educadora não é apenas uma sombra da presença dos educandos, pois não se trata de negar a autoridade que o educador representa.

As diferenças entre educadora e o educando se dão numa relação em que a liberdade do educando "não é proibida de exercer-se", pois essa opção não é, na verdade, pedagógica, mas política, o que faz do educador um político e um artista, e não uma pessoa neutra.

Há, ainda, uma outra virtude: a tolerância, que é a virtude de conviver com o diferente para poder brigar com o antagônico. Como se vê, para ele, a educação é um momento do processo de humanização.

Freire estabeleceu suas concepções pedagógicas acerca das diferenças entre a pedagogia do colonizador e a pedagogia do oprimido. Sua ótica de classe aponta a pedagogia que interessa à classe dominante como sendo a pedagogia "bancária". A consciência do oprimido, diz ele, encontra-se imersa no mundo preparado pelo opressor; daí existir uma dualidade que envolve a consciência do oprimido: de um lado, essa aderência ao opressor, essa "hospedagem" da consciência do dominador – seus valores, sua ideologia, seus interesses – e o medo de ser livre e, de outro, o desejo e a necessidade de libertar-se. Trava-se, assim, no oprimido, uma luta interna que precisa deixar de ser individual para se transformar em luta coletiva: ninguém liberta ninguém, ninguém se liberta sozinho, os homens se libertam em comunhão.[2]

A partir da tese sobre a relação entre educação e o processo de humanização, Freire caracteriza duas concepções opostas de educação: a concepção "bancária" e a concepção "problematizadora".

Na concepção bancária, a educadora é a que sabe e os educandos, os pensados; a educadora é a que diz a palavra e os educandos, os que escutam; a educadora é a que opta e prescreve sua opção e os

"O diálogo é, portanto, uma exigência existencial, que possibilita a comunicação e permite ultrapassar o imediatamente vivido."

educandos, os que seguem a prescrição; a educadora escolhe o conteúdo programático e os educandos jamais são ouvidos nessa escolha e se acomodam a ela; a educadora identifica a autoridade funcional, que lhe compete, com a autoridade do saber, que se antagoniza com a liberdade dos educandos, pois os educandos devem se adaptar às determinações da educadora; e finalmente, a educador é o sujeito do processo, enquanto os educandos são meros objetos.

Na concepção bancária, predominam relações narradoras, dissertadoras. A educação torna-se um ato de depositar (como nos bancos); o "saber" é uma doação dos que se julgam sábios aos que nada sabem.

A educação bancária termina por fortalecer a divisão entre os que sabem e os que nada sabem, entre os oprimidos e os opressores. Ela nega a dialogicidade, ao passo que a educação problematizadora funda-se justamente na relação dialógico-dialética entre educadora e educando; ambos aprendem juntos.

O diálogo é, portanto, uma exigência existencial, que possibilita a comunicação e permite ultrapassar o imediatamente vivido. Ultrapassando suas "situações-limite", a educadora-educanda chega a uma visão totalizante do programa, dos temas, da apreensão das contradições até a última etapa do desenvolvimento de cada estudo.

Para pôr em prática o diálogo, a educadora não pode colocar-se na posição ingênua de que se pretende detentora de todo o saber; deve, antes, colocar-se na posição humilde de quem sabe que não sabe tudo, reconhecendo que o educando não é uma pessoa perdida, fora da realidade, mas alguém que tem uma determinada experiência de vida e por isso também é portador de um saber.

Freire afirmou que o diálogo não pode ser encarado somente como método, mas como um princípio para respeitar o saber do aluno que chega à escola que, na sua opinião, tem também o que dizer e não só o que escutar.

Motivados pelas idéias freireanas, e iluminados pela prática pedagógica da alfabetização e suas possibilidades de inter-relação com a utilização de atividades da cultura corporal de movimento convidamos a educadora a embarcar nos caminhos dessa proposta: a elaboração de atividades lúdicas como um dos instrumentos para a construção dos conhecimentos sobre a linguagem escrita pela criança.

Educação Física Infantil: uma concepção pedagógica

Abundam no senso comum relatos e posicionamentos que afastam as questões da motricidade (relativas ao corpo) da cognição (relacionadas à mente). O velho ditado 'mente sã em corpo são' se origina no pressuposto de que um corpo que se movimenta, mantém-se ocupado, evitando pensamentos e idéias indesejadas. Essa dicotomia, tão presente no discurso coloquial, é fruto de ideologias de cunho religioso internalizadas através do tempo. Podemos dizer que o corpo, privilegiado nas "aulas de movimento", é o mesmo presente nas "aulas de raciocínio". Por que não fazer, então, uma só escola para os dois: unindo (naturalmente) o que o homem separou (culturalmente)?[3]

Essa divisão, quando mantida no fazer daqueles que atuam na escola, transforma o ambiente de aprendizagem em um local de sofrimento para os pequenos, distante da realidade, do interesse e dos atrativos infantis.

De forma geral, podemos afirmar que as atividades motoras fazem parte do cotidiano das crianças em qualquer estabelecimento que se dedique à tarefa educacional de crianças de zero a doze anos. O movimento, o brinquedo, os jogos tradicionais da cultura popular, preenchem de alguma forma determinadas lacunas na rotina das salas de aula. Em algumas escolas podemos encontrar as músicas coreografadas no início dos trabalhos, o momento do parque livre ou dirigido, os cantinhos com jogos ou materiais lúdicos etc.

Procurando subsidiar a prática dessas atividades, o Referencial Curricular Nacional para a Educação Infantil - RCNEI[4], destina um dos seus capítulos ao tema Movimento, no qual apresenta um rol de objetivos e orientações didáticas aos professores que procuram uma direção mais eficaz para aquelas atividades já desenvolvidas e os Parâmetros Curriculares Nacionais do Ensino Fundamental do Primeiro Ciclo – PCN[5] dedicaram uma publicação exclusiva para a área. A presença deste assunto em publicações oficiais representa, no nosso entender, um alerta à urgente necessidade de se organizar a prática do movimento infantil afim de reunir um cabedal maior de benefícios oriundos dessas vivências para os educandos.

Para atender a essa necessidade, desenvolvemos as idéias que se seguem que, advindas de uma prática fundamentada nos conhecimentos das ciências da educação, apresentam uma proposta de Educação Física infantil coerente com a realidade das instituições e adequada à formação da educadora que rege os trabalhos junto a esse público. Trataremos do desenvolvimento pedagógico das atividades pertencentes à cultura corporal de movimento, em outras palavras, o valor educacional das atividades rítmicas, do jogo e dos brinquedos motores com intenção formativa.

A cultura corporal de movimento

O movimento é uma importante dimensão do desenvolvimento e da cultura humana. As crianças se movimentam desde que nascem adquirindo cada vez maior controle sobre seu próprio corpo e se apropriando cada vez mais das possibilidades de interação com o mundo. Engatinham, caminham, manuseiam objetos, correm, saltam, brincam sozinhas ou em grupo, experimentando sempre novas maneiras de utilizar seu corpo e seu movimento. Ao movimentar-se, as crianças expressam sentimentos, emoções e pensamentos, ampliando as possibilidades do uso significativo de gestos e posturas corporais. O movimento humano, portanto, é mais do que simples deslocamento do corpo no espaço: constitui-se em uma linguagem que permite às crianças agirem sobre o meio físico e atuarem sobre o ambiente humano, mobilizando as pessoas por meio de seu teor expressivo.[6]

As diferentes maneiras de andar, correr, arremessar, e saltar resultam das interações sociais e da relação dos homens com o meio: são movimentos cujos significados têm sido construídos em função de diferentes necessidades, interesses e possibilidades corporais humanas presentes nas diferentes culturas em diferentes épocas da história.[7] Assim, ao brincar, jogar, imitar e criar ritmos e movimentos, as crianças também se apropriam do repertório da cultura corporal na qual estão inseridas. Nesse sentido, as instituições de Educação Infantil devem favorecer um ambiente físico e social onde as crianças se sintam estimuladas e seguras para arriscar-se e vencer desafios. Quanto mais rico e desafiador for esse ambiente (do ponto de vista dos movimentos), mais ele lhes possibilitará a ampliação de conhecimentos acerca de si mesmas, dos outros e do meio em que vivem.

Segundo o RCNEI, o trabalho com movimento contempla a multiplicidade de funções e manifestações do ato motor, propiciando um amplo desenvolvimento de aspectos específicos da motricidade das crianças, abrangendo uma reflexão acerca das posturas corporais implicadas nas atividades cotidianas, bem como atividades voltadas para a ampliação da cultura corporal de cada criança.

É comum, o procedimento da educadora que, visando garantir uma atmosfera de ordem e de harmonia, faça o uso de algumas práticas educativas que procuram simplesmente suprimir o movimento, impondo às crianças de diferentes idades rígidas restrições posturais. Isso se traduz, por exemplo, na imposição de longos momentos de espera – em fila ou sentadas – em que as crianças devem ficar quietas sem se mover; ou a realização de atividades mais sistematizadas, como desenho, escrita ou leitura, em que qualquer deslocamento, gesto ou mudança de posição podem ser vistos como desordem ou indisciplina.[8]

Além do objetivo disciplinar apontado, a permanente exigência de contenção motora pode estar baseada na idéia de que o movimento impede a concentração e a atenção da criança, ou seja, que as manifestações motoras atrapalham a aprendizagem. Todavia, a julgar pelo papel que os gestos e posturas desempenham junto à percepção e à re-

"As crianças se movimentam desde que nascem adquirindo cada vez maior controle sobre

"seu próprio corpo e se apropriando cada vez mais das possibilidades de interação com o mundo."

presentação, é a impossibilidade de mover-se ou de gesticular que pode dificultar o pensamento e a manutenção da atenção.[9]

Em linhas gerais, as conseqüências dessa rigidez podem apontar tanto para o desenvolvimento de uma atitude de passividade nas crianças ou à instalação de um clima de hostilidade, em que a professora tenta, a todo custo, conter e controlar as manifestações motoras infantis. No caso em que as crianças, apesar das restrições, mantêm o vigor de sua gestualidade, podem ser freqüentes situações em que elas percam completamente o controle sobre o corpo, devido ao cansaço provocado pelo esforço de contenção que lhes é exigido.

Outras práticas, apesar de também visarem ao silêncio e à contenção de que dependeriam a ordem e a disciplina, lançam mão de outros recursos didáticos, propondo, por exemplo, seqüências de exercícios ou de deslocamentos em que a criança deve mexer seu corpo, mas desde que em estrita conformidade a determinadas orientações. Ou ainda reservando curtos intervalos em que a criança é solicitada a se mexer, para despender sua energia física. Essas práticas, ao permitirem certa mobilidade às crianças, podem até serem eficazes do ponto de vista da manutenção da ordem, mas limitam as possibilidades de expressão da criança e tolhem suas iniciativas próprias, ao enquadrar os gestos e deslocamentos a modelos predeterminados ou a momentos específicos.

O movimento para a criança pequena significa muito mais do que mexer partes do corpo ou deslocar-se no espaço. A criança se expressa e se comunica através dos gestos e das mímicas faciais e interage utilizando fortemente o apoio do corpo. A dimensão corporal integra-se fortemente ao conjunto da atividade da criança. Portanto, o ato motor faz-se presente em suas funções expressiva, instrumental ou de sustentação às posturas e aos gestos.[9]

No início do desenvolvimento predomina a dimensão subjetiva da motricidade, que encontra sua eficácia e sentido principalmente na interação com o meio social, junto às pessoas com quem a criança interage diretamente. É somente aos poucos que se desenvolve a dimensão objetiva do movimento, que corresponde às competências instrumentais para agir sobre o espaço e o meio físico.[6]

A função expressiva continuará presente mesmo com o desenvolvimento das possibilidades instrumentais do ato motor. É freqüente, por exemplo, a brincadeira de luta entre crianças de cinco ou seis anos, situação em que se pode constatar o papel expressivo dos movimentos, já que essa brincadeira envolve intensa troca afetiva. A importância da expressão caracteriza-se sobretudo pela influência da cultura sobre o desenvolvimento da motricidade, não só pelos diferentes significados que cada grupo atribui a gestos e expressões faciais, como também pelos diferentes movimentos aprendidos no manuseio de objetos específicos presentes na atividade cotidiana, como lápis, pás, bolas de gude, cordas, etc.

Os jogos, as brincadeiras e as atividades rítmicas revelam, por seu lado, a cultura corporal de cada grupo social, constituindo-se em atividades privilegiadas nas quais o movimento é vivido de forma significativa.

Dado o alcance que a questão motora assume na atividade da criança, é muito importante que, ao lado das situações planejadas especificamente para trabalhar o movimento em suas várias dimensões, a instituição reflita sobre o espaço dado ao movimento em todos os momentos da rotina diária, incorporando os diferentes significados que lhe são atribuídos pelos familiares e pela comunidade.

Nesse sentido, é importante que o trabalho incorpore a expressividade e a mobilidade próprias das crianças. Como ilustração podemos dizer, que a indisciplina – fato que incomoda todo o sistema escolar deve ser revista dentro dessa ótica pois, um grupo disciplinado não é aquele em que todos se mantêm quietos e calados, mas sim um grupo em que vários elementos se encontram envolvidos e mobilizados pelas atividades propostas. Os deslocamentos, as conversas e as brincadeiras resultantes desse envolvimento não podem ser entendidos como dispersão ou desordem, e sim como uma manifestação natural das crianças. Compreender o caráter lúdico e expressivo das manifestações da motricidade infantil poderá ajudar a professora a organizar melhor a sua prática.

Durante a pré-escola, constata-se uma ampliação do repertório de gestos instrumentais os quais contam com progressiva precisão. Atos que exigem coordenação de vários segmentos motores e o ajuste a objetos específicos, como recortar, colar, encaixar pequenas peças etc., sofisticam-se. Ao lado disso permanece a tendência lúdica da motricidade, sendo muito comum que as crianças, durante a realização de uma atividade, desviem a direção de seu gesto; é o caso, por exemplo, da criança que está recortando e que de repente põe-se a brincar com a tesoura, transformando-a num avião, numa espada e enfim.

Gradativamente, o movimento começa a submeter-se ao controle voluntário, o que se reflete na capacidade de antecipar ações – ou seja, de pensar antes de agir – e no desenvolvimento crescente de recursos de contenção motora. A possibilidade de planejar seu próprio movimento mostra-se presente, por exemplo, nas conversas entre crianças em que uma narra para a outra o que e como fará para realizar determinada ação: "Eu vou lá, vou pegar o boneco ..."

Os recursos de contenção motora, por sua vez, se traduzem no aumento do tempo que a criança consegue manter-se numa mesma posição. Vale destacar o enorme esforço que tal aprendizado exige da criança, já que, quando o corpo está parado, ocorre intensa atividade muscular para mantê-lo na mesma postura. Embora a impressão de que se tenha é que esta imobilidade 'cansa menos', poderíamos dizer que dá mais trabalho à criança permanecer parada do que em movimento.

A capacidade de atenção ao que ocorre em volta da criança se amplia aos seis anos de idade, este poder de auto-disciplina só pode estabelecer-se graças à maturação dos centros nervosos de inibição e de discriminação, permitindo uma acomodação motora, perceptiva ou mental, consistente, concreta e sólida, uma seleção dos gestos úteis e o seu ajustamento à finalidade.[9]

Conquistas no plano da coordenação e precisão dos movimentos podem ser alcançadas através da prática constante de diversas brincadeiras e atividades motoras presentes em diversas culturas que terminam por solicitar complexas seqüências motoras para serem reproduzidas, oferecendo assim, oportunidades privilegiadas para desenvolver habilidades no plano motor.

Durante o desenvolvimento de qualquer proposta de atividades motoras, a professora deve atentar para os cuidados com a própria expressão e posturas corporais, uma vez que, o seu corpo é um veículo expressivo. A atenção a esse aspecto valorizará e adequará os próprios gestos, mímicas e movimentos na comunicação com as crianças, desde a condução de atividades em sala até ensinar os movimentos de uma canção nova. A professora é um modelo para o grupo, fornecendo-lhe um repertório de gestos e posturas quando, por exemplo, conta histórias pontuando idéias com gestos expressivos ou recursos vocais para enfatizar sua dramaticidade. Conhecer jogos e brincadeiras e refletir sobre os tipos de movimentos que envolvem é condição importante para ajudar as crianças a desenvolverem uma motricidade harmoniosa.

O gesto carregado de sentido, significado e intenção assumirá, então, um papel fundamental no processo educativo daquelas crianças, articulando em uma mesma proposta uma ação cognitiva, afetiva e claro, motora. Deve-se enfatizar aqueles movimentos inseridos em uma situação onde a criança se veja obrigada a pensar e planejar a sua ação; seja fugindo de um pegador, escalando uma montanha imaginária, "queimando" o amigo, enfim, vivendo cada movimento não só com os músculos, nervos e tendões mas, também e principalmente, com o "coração e a cabeça".

Pensando nisso, recordamos os comentários, os sorrisos, a felicidade estampada no rosto das crianças quando lhes é permitido simplesmente, brincar. Essa felicidade, constatada ao longo das atividades lúdicas, representa o envolvimento com a proposta, com o viver o brinquedo, sentir as emoções de jogar, arriscar-se, experimentar e conseguir. Assim, faz-se difícil compreender aquele desinteresse das crianças tão comentado na sala dos professores. Será que existe algum assunto que seja desinteressante para seres tão curiosos como as crianças? Somente o que for incompreensível para elas, além do seu entendimento, ou o que for corriqueiro, comum, fácil demais.

Dessa forma caberá na Educação Infantil, a estruturação de um trabalho com o corpo abrangendo as características acima mencionadas: a vinculação do movimento a intenções, raciocínios e planos de ações elaborados; as atividades com significado, com o concreto, com o real, com o interesse daquele que é o mais importante no processo, o educando.[10]

29

A sistematização da Educação Física na escola possibilitará à criança movimentar-se de forma natural, relacionado-se concomitantemente consigo mesma e com o ambiente, obtendo, desta forma, o controle motor que favoreça o desenvolvimento biológico, psicológico e sociocultural. A partir de jogos, atividades e brincadeiras, a criança torna-se cada vez mais independente, sendo capaz de construir regras ao invés de apenas segui-las.[11]

Para que se respeite o educando enquanto sujeito, é necessário que se tenha energia e garra, que se atenda às solicitações infantis e que se goste de observar o desenvolvimento dos pequenos, sendo capaz de entender que os erros da educadora e dos educandos são oportunidades ricas de aprendizagem, devendo as relações que se mantém na escola transcorrer permeadas de alegria. Acima de tudo, é preciso crer e ter a esperança de que a educação proposta à criança surtirá efeitos.[12]

Portanto, como se viu, faz-se necessária a inserção de uma proposta pedagógica de atividades motoras na escola de Educação Infantil e das primeiras séries do Ensino Fundamental perfeitamente integrada ao projeto educacional e adequada às características específicas dos educandos. Essa ação só será possível mediante a constante preocupação dos educadores com as questões relativas à motricidade infantil e cultura corporal de movimentos bem como, à ampliação dos momentos destinados à construção dessa espécie de conhecimentos.

Ler, escrever e as possibilidades de participação do movimento

O que justifica a nossa proposta de trabalho é a possibilidade de repensar a pedagogia da alfabetização, a partir do conhecimento do processo de maturação infantil. Nosso objetivo não é outro senão o de avaliar as relações entre linguagem e motricidade na conquista da língua escrita.

Consideramos a motricidade, a linguagem e a linguagem escrita como formas de expressão, ação e comunicação que funcionam como evidência de equilíbrio afetivo e inteligência. O desenvolvimento destas formas de manifestação humana se explica a partir da interação do ser com o mundo. A evolução das faculdades perceptivo-motoras, que trazem consigo a possibilidade de agir sobre o mundo é o motor do desenvolvimento infantil.

Como poderia uma criança ler e escrever sem antes conhecer o mundo e sentir necessidade de se relacionar com os outros?

Precisamos conhecer melhor o indivíduo que aprende, só assim poderemos adequar a prática pedagógica a seus processos cognitivos. Na aprendizagem da leitura e escrita, por exemplo, a criança enfrenta dificuldades conceituais semelhantes às da construção milenar do sistema de escrita.[12] Nesse esforço construtivo, a escrita deixa de ser uma simples transcrição gráfica e assume o caráter de um sistema de representação da linguagem, cuja complexidade exige o empenho do indivíduo na construção de sistemas interpretativos, visando à compreensão de sua natureza. A alfabetização passa a representar um esforço cognitivo, que requer a apropriação desse objeto de conhecimento - a escrita.

"Como poderia uma criança ler e escrever sem antes conhecer o mundo e sentir necessidade de se relacionar com os outros?"

As crianças, mesmo antes da sua entrada no Ensino Fundamental são capazes de se colocar problemas, criar hipóteses, testá-las e construir verdadeiros sistemas de interpretação na busca da compreensão da escrita. Isso só é possível, porque a criança - sobretudo aquela do meio urbano - convive diariamente com esse objeto cultural. Vivemos em um mundo letrado e a criança desde pequena, percebe a presença da escrita no seu mundo e luta para "desvendar os seus mistérios" apropriando-se desse sistema de representação da linguagem.

Uma vez que a alfabetização se inicia muito antes da entrada da criança na escola, deixa de ser um fenômeno exclusivamente pedagógico, a alfabetização se explica também a partir de variáveis sociais, culturais, políticas e psicolingüísticas.

Pretendendo estudar o movimento humano livre dos limites impostos pelas diversas ciências (Biomecânica, Fisiologia, Anatomia) que consideram as manifestações humanas apenas parcialmente e que, por vezes, apresentam-se como obstáculos imaginários àqueles que pretendem fazer uso das atividades motoras com outro sentido, buscamos pontos de vista complementares na compreensão do movimento enquanto uma dimensão de conduta. O gesto caracteriza a expressão do ser, ele é para o movimento o que a palavra é para a linguagem.

A ação, presente no ser humano desde o seu nascimento, percorre diversas etapas sucedendo-se e sofrendo a influência da maturação, do ambiente e do tipo de atividade à qual o indivíduo é submetido. Até os dezoito meses de idade, esse tipo de comportamento situa-se no nível sensório-motor, caracterizando sua motricidade pela repetição simples e prazerosa dos movimentos. Com a conquista do universo simbólico, as ações tornam-se passíveis de serem interiorizadas e executadas em nível de pensamento, o que lhes garante um certo grau de consciência, surge a ação repleta de sentido, colorida pela imaginação, é o jogo simbólico. O estudo do desenvolvimento psicomotor demonstra que as ações tornam-se cada vez mais pragmáticas, utilitárias e ajustadas ao contexto em que se encontram; portanto, num longo período que vai dos seis até os doze anos, o indivíduo encontra-se apto a realizar atividades que requeiram movimentos fundamentais (saltar, correr, chutar) e as mais variadas combinações entre essas habilidades. À medida que cresce seu repertório motor, aumenta também a sua capacidade de autocontrole sobre sua motricidade. Do ponto de vista afetivo-social, encontram-se integrados ao ambiente em geral e aos amigos em específico, essa característica origina o seu interesse em jogos mais sofisticados que as brincadeiras de imaginação. No primeiro ciclo do Ensino Fundamental o jogo com regras simples que envolve o grupo adquire grande importância, assim como as atividades rítmicas e ex-

"O conhecimento não é informação fornecida pelo meio, mas uma elaboração pessoal que se constrói

Do nosso ponto de vista, a escrita é um dos melhores e mais significativos exemplos de manifestação expressiva. Com efeito, o ato de escrever impõe certa objetividade, determinada pela própria cultura (língua, normas gráficas e ortográficas) – tal qual o jogo de regras –, e pela necessidade de controle do movimento em função do que se quer representar; mas ao mesmo tempo exige a capacidade de expressão, sem o que o conteúdo da escrita perde o seu sentido.

O estudo científico do movimento só é possível quando as reações motoras forem compreendidas como reflexo de uma maneira de ser no mundo, que se explica pelas características da natureza humana, do indivíduo e de uma dada cultura.

Dessa forma, pensar a escrita, a leitura e o movimento integrados na escola fundamenta-se na idéia de que uma efetiva reforma do sistema educacional requer uma profunda compreensão do desenvolvimento infantil, garantindo ao aluno mais a possibilidade de conquista pessoal do que propriamente a aprendizagem a partir de um modelo externo. Enquanto que no processo de construção da língua escrita, a proposição de atividades motoras, sustentará uma formação básica capaz de promover um verdadeiro desabrochar da criança, pressupondo a formação de um corpo operatório como fundamental para a aprendizagem de um modo geral.

Atualmente, acredita-se que a pré-condição para conhecer recaia sobre o processo de conquista, evolução e amadurecimento. O indivíduo se apropria da realidade pela ação. Trata-se de uma situação na qual a criança age sobre o mundo a fim de torná-lo o seu próprio mundo. Cada nova estrutura é assimilada mediante a integração e coordenação dos esquemas já existentes.[13] Sendo assim, o conhecimento não é informação fornecida pelo meio, mas uma elaboração pessoal que se constrói pela sucessão de etapas, onde cada uma delas representa um estágio importante na construção do saber. O que marca essa evolução é a atividade essencialmente inteligente da criança, que formula hipóteses, antecipa os resultados, surpreende-se com as irregularidades, entra em conflito e, em função deste, pode até reconstruir novas concepções e idéias.

Assim, na a concepção piagetiana de aprendizagem encontramos o suporte necessário para a proposição de atividades diferenciadas na alfabetização.

O fazer motor é envolver-se, envolver-se é agir, concentrar-se, estar atento, operar mentalmente com os conceitos expostos e necessários à resolução de problemas de todos os tipos.

As atividades de linguagem fogem então da

"pela sucessão de etapas, onde cada uma delas representa um estágio importante na construção do saber."

cópia de sílabas ou frases distanciadas do real para ganhar espaço e vida mental, desencadeando a necessidade de indicar ao aprendiz desse código o valor imposto pela prática social.[14] Nesta sociedade, a escrita apresenta-se como condição *sine qua non* à postura cidadã. De forma geral, todo o tratamento que a escola dá à leitura é fictício, começando pela imposição de uma única interpretação possível. Tal fato é perigoso, corre o risco de assustar as crianças, de distanciá-las da leitura ao invés de aproximá-las. Um bom exemplo é a utilização predominante de textos para ensinar, diferentes daqueles lidos fora da escola, até mesmo a forma de ler (em voz alta), fuja à normalidade (silenciosa).

Tais discrepâncias, subsidiam-se em antigas práticas didáticas de controle e avaliação, que a todo custo persistem na escola.

No posicionamento prático da escola, o funcionamento cognitivo das crianças é totalmente diferente do funcionamento cognitivo dos adultos: enquanto estes aprendem somente o que lhes é significativo (é o nosso caso, neste momento, lendo e operando sobre algo que nos interessa), as crianças poderiam aprender aquilo que lhes ensinam, independente de poderem ou não atribuir-lhe sentido. Por outro lado, uma sólida corrente pedagógica atual, atribui à professora a obrigatoriedade de dar sentido às atividades que propõe: elas devem cumprir os objetivos estabelecidos para o ensino.

Apesar do conceito acima explicitado cabe recordar nosso maior texto legal, a Constituição da República Federativa do Brasil, que atribui caráter indispensável aos conhecimentos adquiridos na escolarização. Não é opção da criança aprender ou não a ler e escrever. É condição para o exercício pleno da cidadania.[4]

Em outra ocasião nos estenderemos um pouco mais sobre esse aspecto. Neste texto, enfocaremos a nossa proposta.

Ao ignorarmos o processo construtivo dos alunos e supor que possam dedicar-se a atividades desprovidas de sentido, estamos na verdade nos afastando das condições mais elementares à apropriação de qualquer conhecimento. Trata-se, portanto, de conferir significado às atividades que envolvem a leitura e a escrita, fazendo com que as crianças percebam a necessidade vital de apropriar-se dessa capacidade e não mais uma obrigação escolar.

Somamos os nossos esforços aos dos demais pesquisadores[14 e 16] envolvidos no processo de construção da linguagem escrita pela criança quando sinalizam o desafio de construir uma nova versão fictícia da leitura, uma versão que se ajuste melhor à prática social que tentamos comunicar e permita aos nossos alunos apropriarem-se efetivamente dela. Articular a teoria construtivista da aprendizagem com as regras e exigências institucionais está longe de ser fácil: é preciso encontrar outra maneira de administrar o tempo, de criar novos modos de controlar a aprendizagem, de transformar o contrato didático, de conciliar os objetivos institucionais com os objetivos pessoais dos alunos ...

Assim, a insistência no mesmo método, bem como a utilização de atividades desconectadas com o mundo infantil, podem acarretar inapropriações ou desinteresse pelas atividades.

Na intenção de contornar essas possíveis ocorrências pensamos em uma proposta de trabalho abrangendo a integração de alguns dos conteúdos da Educação Física com o processo de construção da leitura e escrita.

Planejadas e ministradas com esse propósito, as atividades devem possuir características lúdicas, principalmente por serem dirigidas a crianças em fase inicial da escolarização.

Os conteúdos poderão ser brincadeiras e jogos criados pela professora ou já conhecidos pelos alunos: tradicionais, contestes, rodas cantadas, construídos, e podem ou não fazer uso de materiais como cordas, banco, bolas e bastões. Essas atividades podem carregar dimensões simbólicas: um banco pode ser uma ponte, um aro pode ser uma toca etc. Cercadas de histórias algumas atividades podem propiciar verdadeiras aventuras.

Aí encontramos uma boa ocasião para o trabalho com a leitura e escrita. Essa atividade poderia ser registrada coletivamente com a classe – a história vivenciada precisa ser registrada para não ser esquecida.

Gradualmente, os jogos passam a ganhar regras mais ela-

"Não é opção da criança aprender ou não a ler e escrever. É condição para o exercício pleno da cidadania."

boradas, quando então, rompendo aos poucos com o egocentrismo da idade, as crianças participam de atividades que dependem da colaboração entre seus pares, nas quais necessitam administrar o antagonismo entre equipes que é próprio das situações de jogo.

O processo de construção de regras, centrado nos alunos, terá enfatizado a sua relevância se for passo a passo escrito em uma cartolina e fixado em local bem visível. Assim, caso surja algum conflito a professora pode estimular os alunos a consultar o cartaz das regras e observar se a questão pode ser decidida a partir do que se lê. É uma boa ocasião para trabalhar a autonomia moral e o processo de discussão e construção de novas regras, seguidas evidentemente, do seu registro.

Pela natureza interdisciplinar que essa postura evidencia, é muito importante o planejamento cuidadoso das atividades. Um determinado jogo pode adequar-se perfeitamente ao momento vivido pelas crianças no que diz respeito à construção da escrita mas apresentar-se desinteressante como atividade motora. O oposto é também previsto: atividades motivantes do ponto de vista lúdico podem apresentar tremendas dificuldades para o seu registro. Assim, podemos inferir que os "dois lados da moeda" devem merecer a atenção docente. Como paliativo, sugerimos, em ocorrências do primeiro caso, substituir a atividade motora por algo adequado à faixa etária: crianças de quarta série do ensino fundamental, por exemplo, preferem atividades com regras mais complexas. Já no segundo caso, atividades complexas, com muitas possibilidades, terminariam por desestimular a escrita, devendo ser propostas leituras orais do que aconteceu.

Como orientação suplementar, cabe lembrar que os recursos cognitivos utilizados nos jogos e brincadeiras como: memória, noção espacial, discriminação visual e auditiva desenvolvem as capacidades necessárias a quem pretende dominar a língua escrita.[16] Nesse sentido, há um cabedal enorme de atividades da cultura corporal de movimento que podem preencher essas lacunas, levando as crianças ao desenvolvimento dessas funções psicológicas sem a repetição e os exercícios tradicionais tão extenuantes.

Assim, solicitar à criança que descreva os processos que ela utilizou para esconder-se durante o esconde-esconde ou ensinar uma cantiga de roda à turma de alunos e pedir que cantem sozinhos lançará mão das mesmas estruturas cognitivas utilizadas durante a alfabetização.

As inter-relações leitura, escrita e movimento na escola

Temos observado uma certa dificuldade das alfabetizadoras em desenvolver projetos incluindo atividades da cultura corporal. Nas limitações da nossa compreensão, esse fato se dá principalmente pelos referenciais diferenciados entre o fazer pedagógico das atividades em sala de aula e as atividades motoras, comumente executadas em espaços maiores. As atividades de Educação Física na escola requerem dos alunos um determinado nível de pré-disposição psicológica e física diferentes das demais disciplinas pedagógicas. Os espaços são amplos, os equipamentos e materiais didáticos possuem especificidades. São requeridos determinados tipos de roupa ou uniforme apropriados às atividades. As relações com os colegas se modificam, as conversas são mais freqüentes, o contato corporal com o outro ocorre em vários momentos e a cooperação mútua em situação de jogo é solicitada.[17]

Faz-se necessário, portanto, um nível de organização individual e de grupo neste novo momento pedagógico que é a aula de Educação Física. Busca-se construir um clima favorável ao desencadeamento da sessão.

Diante disso, aconselhamos a organização da atividade com as explicações necessárias dadas dentro da sala de aula. Este é o momento em que a professora conversa com os alunos, em linhas gerais, o que deverá acontecer durante a atividade, sem, contudo, se exceder em detalhes que correm o risco de serem alterados, por meio de sugestões da turma que, poderão ser debatidas e incluídas nas etapas seguintes.

Entendemos que essa preocupação é fundamental, principalmente, quando os alunos e a professora não estão acostumados à realização de atividades motoras na escola. Uma experiência ruim no início poderá desestimular a professora (dado o grande alvoroço causado pelos alunos) e os alunos (pela possível confusão e falta de sentido do que fizerem no ambiente externo).

As informações iniciais sobre o desenvolvimento da aula contribuirão para que, já nessa etapa, sejam experimentadas as noções de tempo futuro, espaço e seqüência de eventos – elementos de extrema relevância para a aprendizagem escolar.[17]

No ciclo inicial do Ensino Fundamental, requerem-se atividades envolvendo grandes grupos musculares e habilidades motoras fundamentais. A partir daí, a professora não deverá preocupar-se em demasia com a complexidade dos movimentos sugeridos e sim com a organização metodológica da atividade. Requeremos nesse sentido atenção ao "como é feito" e não somente "ao que é feito". Assim, são sugeridas habilidades como correr, saltar, lançar, chutar, arremessar etc. Nessas habilidades encontram-se determinadas funções psicomotoras, vivenciadas através de brincadeiras e jogos, dos quais os alunos já estão acostumados a participar no bairro ou na vila onde residem.

De outro lado, a professora enfatizará, através do planejamento cuidadoso e do método desenvolvido, a descoberta e a percepção do próprio corpo no seu todo e em suas partes com relação às dimensões de espaço e tempo, às possíveis atividades gráficas, à organização afetiva e social do grupo etc., cuidados que diferenciam a atividade pedagógica do lazer por si só.

Não serão propostos exercícios com séries e repetições baseados nos esportes ou na *performance*. A programação deverá ser lúdica e incluir jogos diversos, a exploração de ambientes estruturados pela professora (em conjunto com os alunos), simulando aventuras como pontes para atravessar, transposição de rios, escalamento de montanhas etc. O circuito de atividades lúdicas é outra possibilidade pedagógica em que se montam os jogos distribuídos pelo espaço físico do pátio ou quadra.

Conforme será visto mais adiante, determinados enfoques são prestigiados no desenvolvimento das atividades: o Esquema Corporal, a Estruturação Espacial e a Orientação Temporal acoplar-se-ão de forma indissociável à realização das ações motoras.[18]

Considerados básicos para toda e qualquer manifestação, teremos oportunidade de ver que os benefícios de um trabalho pedagógico com movimentos para a alfabetização extrapolam a simples representação gráfica do que foi executado no campo da motricidade.[19] Objetivando um melhor encaminhamento didático apresentamos o que se segue como orientações para auxiliar na organização de uma proposta integrativa entre as atividades motoras e o processo de construção da linguagem escrita.

Para uma melhor compreensão, distribuímos as atividades motoras em três grupos distintos, apresentando possibilidades diferentes de inter-relações entre a leitura, a escrita e o movimento.

Grupo I – Atividades que se utilizam diretamente de produções escritas para o seu desenvolvimento;

Grupo II – Atividades que podem ser registradas, ou seja, utilizarão a linguagem escrita conforme o método de ensino empregado e;

Grupo III – Atividades que se utilizam de recursos equivalentes aos utilizados durante o processo de alfabetização: memorização, discriminação visual ou auditiva, classificação, linguagem oral, etc.

Implementação da proposta

A elaboração de uma proposta que encontre momentos comuns entre as atividades motoras e o processo de alfabetização foi motivada pelo conhecimento das dificuldades vividas pelos educadores brasileiros na adoção de uma filosofia de ensino própria, característica do nosso país, motivada pelas peculiaridades do povo brasileiro.

Sabemo-nos possuidores de um amplo repertório de jogos, brinquedos e brincadeiras infantis, bem como, lendas, parlendas, trava-línguas e histórias para crianças. Reconhecemos, cada vez mais, a necessidade da implementação de propostas que incluam esse patrimônio cultural na escola. Contudo, as escolas públicas dispõem de parcos recursos materiais e quadros reduzidos de profissionais efetivos para a condução dessas atividades. Por isso entendemos ser a professora alfabetizadora aquela que alfabetizará a criança por inteiro, fazendo uso de atividades de escrita, de arte, de estudos sociais, de matemática e, também, de Educação Física.

Entretanto, pretendemos escapar da visão utilitarista e metodológica: brincar – escrever; falar – brincar; jogar – escrever – jogar etc. riscos aos quais podemos submeter-nos quando desavisados. Como foi visto nas páginas anteriores, a presente proposta insere-se e contempla uma concepção de educação (alfabetização) como libertadora, formadora de cidadãos do mundo, verdadeiros agentes transformadores.

A partir dessas percepções e considerando o conjunto das circunstâncias sociais, imaginamos uma proposta complementar de alfabetização, que, do ponto de vista prático, torna possível a realização de um trabalho educativo integral, aproveitando os elementos do meio ambiente em que vivem os educandos e, por tudo isso, imediatamente aplicável a um elevado número de pessoas. Sob o aspecto pedagógico, oferece a grande vantagem de proporcionar, concomitantemente, alfabetização, educação e conscientização, promovendo o trabalho coletivo e a participação democrática. Essa conjugação de elementos, rompendo as limitações convencionais de aula de alfabetização e aula de movimento termina por proporcionar a valorização da capacidade intelectual dos alunos, reforçando sua auto-estima e o respeito a si próprios.

Através do desenvolvimento dessa proposta, é possível perceber que uma pedagogia pode e deve ser muito mais do que um processo de treinamento ou domesticação. Essa forma de rever o processo de alfabetização pode demonstrar a pobreza e os graves inconvenientes de linhas pedagógicas que só procuram transmitir técnicas e exterioridades, sem cuidar do essencial que é o verdadeiro desenvolvimento da pessoa humana por meio do estímulo ao despertar e à evolução de todas as suas potencialidades.

Poderemos descrever as etapas iniciais do processo da seguinte maneira:

A) Conversa com o grupo de alunos para descobrir quais atividades motoras eles conhecem ou observação das atividades lúdicas por eles praticadas nos momentos de intervalo, antes ou depois das aulas;

B) Em conseqüência desses momentos, a educadora poderá elaborar uma lista (com a cooperação dos alunos) de atividades e os materiais necessários, por exemplo, locais para prática, características etc. e torná-la pública, afixando-a em algum lugar da sala;

C) A etapa seguinte pode ser uma votação para a experimentação de uma dessas atividades, iniciando, portanto, a vivência. Poderão, inclusive, em caso de empate serem as duas atividades mais votadas, objeto de defesa e argumentação pelos alunos;

D) A professora poderá ainda, passar à estruturação de uma listagem com os materiais necessários para aquela atividade, as regras mais conhecidas e os locais onde ela poderá acontecer;

E) Todas as palavras escritas pela professora ou pelos alunos devem ser objeto de discussão em virtude da sua importância ou necessidade para a atividade, com espaço para possíveis substituições. Ou seja, discutir sobre a adequação de uma regra às novas condições (com quarenta alunos) ou a substituição de algum material que não possa ser utilizado dentro da escola;

F) A vivência prática da atividade motora estudada.

Explicando melhor: a professora conduz com seus alunos um levantamento dos temas de maior interesse para eles (o jogo, o brinquedo, a roda) e que têm absoluta proximidade com os conteúdos da Educação Física pensados para as etapas iniciais da escolarização, num procedimento que, naturalmente já reflete a vivência e a condição sociocultural dos educandos, orientando a professora a apreender a realidade deles e a preparar-se para uma efetiva interlocução. Desta forma, estabelece um rol de assuntos de interesses dos alunos, depois os ordena conforme o grau de dificuldade, eleição ou conhecimento geral do grupo. O aprendizado é, então, conduzido numa seqüência que favorece a construção conceitual, que, na medida do possível, se inicia pela oralização do funcionamento da atividade e prossegue por organizações mais complexas, como regras, estratégias, escrita, etc.

Entretanto, o desenvolvimento da proposta não termina com a simples vivência da atividade, o simples brincar. No seu transcorrer, podem ser necessárias novas incursões ao material escrito, para reorganização dos registros, composição de novas regras, acréscimo de materiais. No capítulo seguinte essas idéias serão melhor trabalhadas.

Por hora, cabe destacar a importância dessa proposta no que concerne a dois aspectos: a escrita com significado para a criança e a criança como sujeito da própria cultura. Até então, as crianças poderiam conhecer jornais, revistas, *outdoors*, bilhetes, cartas e demais materiais impressos e escritos. Contudo, nunca lhe tinha sido dada a oportunidade de transformar em texto algo realmente significativo e vivido por ela, algo parte do seu cotidiano, algo realmente motivador.

A escrita, a leitura, a oralização perdem, assim, as suas características de exercícios enfadonhos e repetitivos, tornam-se os instrumentos necessários.

Ressaltamos nessa proposta, o desenvolvimento da consciência crítica por parte dos educandos, estando eles estimulados a eleger, a defender, a posicionar-se a favor ou contra algo que lhes é

"A professora conduz com seus alunos um levantamento dos temas de grande interesse para eles."

real, palpável, inteiro. Diferentemente das propostas conhecidas de escolher e votar em plenários imaginários sobre assuntos distantes como: a morte das baleias, as eleições presidenciais, a defesa de direitos que eles pouco compreendem e outras práticas comuns nas escolas. O desenvolvimento dessa consciência crítica somente é possível através do trabalho educativo crítico, cujo tema esteja em seu campo de ação.[20]

Assim, a tarefa da educação, como meio indispensável à formação de cidadãos (Lei 9.394/96), depende de duas atitudes básicas – o diálogo e a ação. Percebemos nesse sentido, uma aplicabilidade direta daquilo que foi discutido. Por vezes, os alunos se perdem em longas discussões, de difícil implementação, quando o tema discutido, sendo complexo demais para eles, se distancia do real. As decisões advindas do diálogo sobre as atividades motoras, são postas em prática e experimentadas em seguida; assim, o aluno experimenta a viabilidade das suas idéias. Por fim, essa consciência crítica despertada tenderá a transformar-se em um hábito para o educando, originando e sedimentando uma sociedade com verdadeira estrutura democrática.

A organização da proposta

Nos anos 90 tornou-se comum a utilização da obra piagetiana para estudos na área da motricidade humana. Porém, dentre aqueles que consideraram em seu trabalho de Educação Física a teoria de Piaget, Le Boulch foi quem mais contribuiu para a estruturação da nossa proposta de Educação Física para a Educação infantil.[18] A proposição do "Método Psicocinético[21]"indica o primeiro passo nessa direção, visando a educação integral do indivíduo através, principalmente, das atividades motoras, em tarefas que estimulem a atividade própria e procurem beneficiar, de maneira geral, a consciência corporal, a coordenação motora e a organização espaço-temporal.

Toda a educação formal pressupõe tomar decisões enquanto à finalidade da ação educativa. O objetivo por nós apontado é o de favorecer o desenvolvimento de um homem capaz de atuar num mundo em constante transformação por meio de um melhor conhecimento e aceitação de si mesmo, um melhor ajuste de sua conduta e uma verdadeira autonomia e acesso às suas responsabilidades no marco da vida social.[21]

Dessa forma, por intermédio de sua ação a partir de atitudes e movimentos corporais, a Educação pelo Movimento abrange o ser total, o homem como um todo já que o ato motor não ocorre isoladamente, pois, como foi dito anteriormente, o movimento só adquire significado dentro de um contexto, seja ele jogo, trabalho ou expressão.

Assim, pode-se dizer que o movimento é o meio de expressão fundamental das crianças na etapa do ensino analisada; logo, temos (todos os educadores) a obrigação de compreender esse movimento muito além de um olhar biológico ou fisiológico, o corpo que corre, cresce e sua é o mesmo que sente, conhece e se expressa.

Considerando a motricidade como forma de expressão, ação e comunicação que funciona como evidência de equilíbrio afetivo e inteligência, o desenvolvimento desta forma de manifestação humana se explica a partir da interação do ser com o mundo. A evolução das faculdades perceptivo-motoras, que traz consigo a possibilidade de agir sobre o mundo é o motor do desenvolvimento infantil.

Como poderia uma criança ler e escrever sem antes conhecer o mundo e sentir necessidade de se relacionar com os outros?

Temos que conhecer melhor o indivíduo que aprende, só assim poderemos adequar a prática pedagógica aos processos cognitivos, motores e afetivo-sociais do aluno. Na aprendizagem da leitura e escrita, a criança enfrenta dificuldades conceituais semelhantes às vividas na aprendizagem das manifestações da cultura corporal. Nesse esforço construtivo, a escrita deixa de ser uma simples transcrição gráfica e assume o caráter de um sistema de representação da linguagem, cuja complexidade exige o empenho do indivíduo na construção de sistemas interpretativos, visando à compreensão de sua natureza. A alfabetização passa a representar um esforço cognitivo, que requer a apropriação desse objeto de conhecimento - a escrita.[16]

A Educação Infantil e as primeiras séries do Ensino Fundamental têm grande relevância na proposição das atividades que visam o desenvolvimento das habilidades básicas à alfabetização (percepção, lateralidade, orientação espaço-temporal, coordenação visual e motora e esquema corporal).[22]

É importante, aqui, destacar a apropriação da escrita pela criança, encarada como ser capaz de formular suas próprias hipóteses em relação a esta apropriação. No entanto, tem sido uma prática comum em nossos meios educacionais elegerem-se novas concepções rejeitando aquelas então vigentes, como se não fosse possível tentar aproximações de modo a extrair indicadores que valorizem o ser que aprende e que, ao mesmo tempo, introduzam estímulos que favoreçam a construção de sistemas conceituais pela criança.[23]

Nesse sentido, nos parece bastante claro que o trabalho na Educação Física deve caminhar na mesma direção – as atividades desse componente podem estruturar, através do movimento, a construção do que se denominaram **Eixos Temáticos**, ou seja, o **Esquema Corporal**; a **Estruturação Espacial** e a **Orientação Temporal**.[7] Devemos ampliar a compreensão destes eixos como o desenvolvimento de comportamentos e pré-requisitos necessários para a construção de conhecimentos e habilidades mais complexos e que dependerão basicamente das oportunidades vivenciadas pelo educando.

Assim, mais importante do que a passagem do tempo são as experiências concretas que acontecem durante esse tempo, função do constante processo de relação indivíduo x meio. Obviamente leva-se em conta a questão da maturação biológica como um dos fatores determinantes de novas aprendizagens, mas reassume-se a questão como sendo fundamentalmente educacional.

Valorizar o desenvolvimento de determinadas condições para que a criança se aproprie do escrito não significa negar que ela própria seja a artífice ativa da construção desse conhecimento. Pelo contrário, significa que a criança interagirá com situações ambientais que favorecerão esta construção.[23]

O desenvolvimento de habilidades na área de funções específicas básicas (percepção, estruturação espacial, orientação temporal, lateralidade, linguagem e esquema corporal) será utilizado pela criança no ato da escrita. Do mesmo modo, o desenvolvimento intelectual, apóia a aquisição de noções que envolvem espaço, tempo, percepção de semelhanças e diferenças.[9] O que nos aproxima da idéia de que: os movimentos de um organismo são compreensíveis apenas quando os concebemos não como contrações musculares associadas que se desenvolvem num corpo, mas como respostas globais ou atos que se ajustam a um certo meio.[25]

Pesquisas com grupos de crianças de seis a nove anos de idade indicam que aquelas que apresentaram um bom desenvolvimento nas capacidades perceptivo-motoras, destreza manual, estruturação espacial, orientação temporal, entre outras, estavam mais aptas para o desempenho em atividades de representação simbólica, como é o caso da leitura e escrita.[26]

O desenvolvimento psicomotor

Ao estudar o desenvolvimento psicomotor e suas relações com a construção do conhecimento, identificamos o que poderíamos chamar de três áreas de ação-interferência do movimento sobre o processo de sensação e percepção: a construção da identidade e autonomia, a construção do conhecimento do meio físico e social e a construção das relações entre o eu e o mundo, respectivamente, o **Esquema Corporal**, a **Estruturação Espacial** e a **Orientação Temporal**.

Como poderemos alcançar uma representação do esquema corporal e das relações corpo-meio afinada e complexa? Através de um longo processo de formulação de hipóteses acompanhado de tentativas, ajustes progressivos da ação do corpo aos estímulos do meio e aos propósitos da ação. Através de um processo em que a imagem corporal inicial, embrionária e pouco precisa, se ajuste e afine em função das experiências pelas quais for passando[21]. Isso significa que o esquema corporal não é uma questão de "tudo ou nada", mas uma construção progressiva, na qual novos elementos são acrescentados como conseqüência da maturação e das aprendizagens que se realizam.

O sentido externo do tato, por exemplo, associa-se a uma espécie de sentido interno, com sensores divididos por músculos e articulações, o que faz com que tenhamos a noção certa de que movimento estamos realizando e de que posição corporal adotamos, embora não estejamos vendo certas partes do nosso corpo.[25]

Para a construção do **Esquema Corporal** não bastam a maturação neurológica e sensorial, como em tantos outros aspectos evolutivos, é decisiva aqui também a experiência social.[27]

Um esquema corporal bem estabelecido pressupõe conhecer a imagem do nosso próprio corpo, saber que ele faz parte da nossa identidade. Perceber cada parte mas sem perder a noção de unidade. A percepção da globalidade corporal é posterior à percepção dos elementos separados, porque obriga a um nível mais alto de simbolização e organização.

Falar de como entender o conceito corporal nos leva a dizer que sua construção não se faz de uma vez, senão através de um processo de melhoria gradual, de integração de experiências. À época da educação infantil, este conceito situa-se em plena elaboração pela criança.[6]

Pode parecer paradoxal que coloquemos em um plano de igualdade o domínio, o processo de independência motora e o processo de coordenação, que parecem apontar para metas totalmente opostas. A independência é a capacidade de controlar separadamente cada segmento motor. Conseguir fazer um movimento relativamente complexo com uma das mãos, sem que se mova a outra ou sem mostrar ao mesmo tempo a língua, nem fazer caretas, é um exemplo de independência.[28]

A coordenação pressupõe um processo aparentemente inverso. Os padrões motores que eram originalmente independentes encadeiam-se e associam-se formando movimentos compostos, muito mais complexos que os originais. Mas o que mais se destaca na coordenação é que a seqüência de movimentos automatiza-se, de modo que é executada sem que o indivíduo tenha de prestar atenção à sua realização. Por exemplo, quando a aprendizagem dos movimentos da escrita já se automatizou, podemos prestar atenção ao conteúdo do que estamos escrevendo.[29]

Outro elemento constituinte do Esquema corporal é o tônus muscular. O tônus consiste em outro dos aspectos que vale a pena considerar separadamente, é o grau de contração que os músculos têm a cada momento, grau que oscila entre a hipertonia (tensão) e hipotonia (relaxamento).[30] Por fim, tens a respiração.

O controle respiratório trata-se de uma importante função corporal e implica em saber como se respira e controlar conscientemente (até onde for possível) o ritmo e a profundidade da respiração.

Vivemos num espaço de três dimensões e consideramos impossível imaginar um mundo sem essa característica. Podemos dizer que somos, basicamente, até em nossa constituição biológica, animais espaciais, preparados para perceber esse espaço tridimensional, isto é, relativo às dimensões altura, comprimento e largura. Somos sujeitos extraordinariamente móveis, locomovemo-nos de um lado para outro no espaço. Nossos olhos e ouvidos estão adaptados à tarefa de nos trazer informações a respeito de profundidades ou distâncias do nosso ambiente físico. Nosso cérebro parece ter uma tendência natural para conceber o espaço tridimensional. Porém a diferenciação e a organização complexas do espaço percebido são ocorrências que dependem tanto de tendências originais e próprias do organismo quanto da aprendizagem de relação e de sentido de indicações adquiridas através de experiências educacionais. Assim, a maneira pela qual o sujeito se ajusta e reajusta no mundo espacial depende de todos esses fatores.[31]

A percepção espacial humana tem raízes biológicas, mas o nível em que ela funciona na pessoa não pode ser reduzido meramente a capacidades inatas ou ao desenvolvimento maturativo. Alguns componentes adquiridos na percepção do espaço são funções do meio cultural em que o indivíduo foi criado. Sendo assim, os padrões culturais de diferentes sociedades são também responsáveis pelo desenvolvimento, refinamento e ordenação de percepções espaciais.[32]

Assim, a **estruturação espacial** é o produto de uma interação do organismo com o meio, na qual não é possível dissociar as organizações do mundo percebido da atividade do próprio indivíduo.

Nosso mundo é espacial, mas admitir espaço sem conteúdo é, perceptualmente, sem sentido. Quando olhamos ao nosso redor observamos que nosso espaço é preenchido por objetos, localizados em algum lugar no espaço; que estão sozinhos, em diferentes quantidades, juntos, separados, próximos, inteiros, em partes; e que possuem várias propriedades perceptuais que distinguem um objeto do outro, como tamanho, forma, textura, odor, sabor e som.

É evidente que essas características perceptuais dos objetos são aprendidas e que na aprendizagem os objetos não são percebidos separadamente, mas sim em relação uns com os outros. A própria percepção de certos objetos depende, em parte, do fato de vermos algumas relações entre as partes que formam o todo.

Assim, a identificação das diferenças entre "b" e "d", entre "q" e "p" será possível através da interação sujeito-mundo e mundo-sujeito composta por meio de uma antecedente estruturação espacial.

A **Estruturação Espacial** está relacionada à consciência das coordenadas nas quais o corpo se move e nas quais transcorre nossa ação. Desde os planos espaciais mais elementares (em cima/embaixo, na frente/atrás), até os mais complexos (direita/esquerda), a criança precisa representar seu corpo no contexto do cenário espacial em que transcorre sua vida, sendo capaz de organizar sua ação em função de parâmetros como perto/longe, dentro/fora, grande/pequeno, etc.

Tal como ocorre com o espaço, o tempo participa de nossa vida e é uma dimensão altamente significativa no nosso mundo. Acontecimentos físicos, certas qualidades de objetos e de sujeitos são, muitas vezes, percebidos e identificados, com relação ao plano temporal, como antes, depois, sempre, nunca, presente, passado e futuro. Aprendemos a perceber ocorrências temporais e a identificar intervalos de tempo, como longo, curto e rápido, e aprendemos a dar respostas considerando os eventos temporais.

As noções temporais são muito abstratas. O tempo não é um objeto concreto perceptível. O conceito de tempo depende da ordem de sucessão dos acontecimentos e da duração (velocidade) dos intervalos temporais. Na formação do conceito de tempo esses dois aspectos (ordem e duração) precisam ser coordenados, o que se faz através de uma construção gradual e lenta.[31]

As crianças pequenas só lidam com o tempo no presente. Porém, à medida que aprendem a ordenar os acontecimentos e a tomar consciência dos intervalos temporais entre eles, desenvolvem uma compreensão intuitiva de tempo, baseada na sucessão dos eventos e na duração dos intervalos. Só depois de sete ou oito anos de idade é que a criança pode aprender o conceito de intervalos sucessivos de tempo, correspondendo a distâncias iguais percorridas sucessivamente no mostrador de um relógio.[33]

Algo semelhante ocorre na **Orientação Temporal**. A criança situa sua ação e suas rotinas em certos ciclos de sono/vigília, de antes/depois, manhã/tarde/noite, etc., em sua atividade muito antes de representar simbolicamente essas noções, por exemplo: M vem antes do P e do B, terminar a tarefa rapidamente, as diferenças entre 12 e 21. Contudo, as noções temporais são ainda mais difíceis de dominar que as espaciais, pois ao passo que estas são evidentes, aquelas somente existem pelas conexões que se estabelecem mentalmente entre elas, e por isso o desenvolvimento dos conceitos temporais é mais tardio que o dos espaciais.[34]

O espaço e o tempo constituem o substrato de nossa ação no mundo. Qualquer ação de um indivíduo se processa num dado espaço e num dado tempo. A estruturação espaço-temporal constitui um elemento importante para a adaptação do indivíduo ao meio e se dá de forma integrada e solidária à formação corporal. Assim, toda nossa percepção do mundo é uma percepção espaço-temporal, na qual o corpo é o termo de referência.

Até os três anos de idade, a representação espaço-temporal e a imagem corporal evoluem paralelamente. Até essa idade, a aquisição de conceitos referentes ao espaço e ao tempo não poderá ser compreendida sem se fazer referência à evolução do esquema corporal.[25]

Na continuidade, de três a sete anos, é importante enriquecer o repertório de conceitos da criança por meio de experiência motrizes. A compreensão de elementos como perto/longe, dentro/fora, sobre/sob, em cima/embaixo, frente/atrás, alto/baixo, antes/depois, à esquerda/à direita será facilitada se esses conceitos forem associados a uma série de atividades motoras.

Movida, como sempre, pelo duplo impulso da maturação e das aprendizagens, a criança vai chegando a um processo de diferenciação destes componentes (controle tônico e respiratório, controle postural e do equilíbrio, estruturação do espaço e orientação no tempo) e de integração de todos eles em uma totalidade cada vez mais complexa e bem articulada: o esquema corporal. Desde o corpo como unidade, integrador de outras atividades psicomotoras, até o corpo como objeto do próprio conhecimento, a criança deve percorrer um caminho que só se completará anos mais tarde. Mas as bases desse caminhar são estabelecidas nesse período, e a criança e seu meio educacional têm a tarefa de estabelecê-las bem.

Dessa forma, podemos inferir que as instituições devem assegurar e valorizar em seu cotidiano, jogos motores e brincadeiras que contemplem a progressiva exigência dos recursos motores, cognitivos, afetivos e sociais das crianças. Numa etapa inicial da pré-escola, o cabedal de conhecimentos solicitados deverá possuir menor complexidade que poderá ser ampliada à medida que a criança obtenha experiências e conhecimentos na área. Uma modificação de distâncias, um aumento na complexildade das regras, o uso de solicitações diferenciadas em muito enriquecerão as já conhecidas atividades da cultura popular infantil.

É a partir das situações vividas (inclusive as propostas pelas atividades motoras) que a criança vai construindo o seu conhecimento dos objetos, das pessoas e ao mesmo tempo, tornando-se mais socializada. Aqui, a socialização é entendida como processo pelo qual a criança apreende os padrões, os valores e os comportamentos que fazem parte da cultura em que vive, podendo modificá-los mediante os instrumentos de pensamento que vai conquistando.[35]

Nesse âmbito, os jogos e as brincadeiras da cultura corporal de movimento tornam-se fontes inesgotáveis na construção de conhecimentos. Essas atividades, permeadas pelas relações de diversos tipos com os companheiros de classe, são veículos de simbolização, o que ampliará as possibilidades criativas, e, por fim, os jogos envolvendo regras determinarão a presença da cooperação e empatia, forçando o grupo ao diálogo e à estruturação mais sofisticada de estratégias de ação, trazendo a expansão da comunicação e a diminuição do tédio.[35]

Articulados aos Eixos Temáticos, encaixam-se igualmente como objetivos das atividades os conhecimentos que pretendem ser construídos naquelas atividades. A utilização de um ou mais conteúdos numa proposta de atividades de Educação Física inter-relacionada com o processo de alfabetização - o jogo, a atividade expressiva ou a atividade rítmica, - desenvolverá simultaneamente conhecimentos relativos aos fatos, conceitos, princípios e capacidades cognitivas como memorização, classificação, quantificação etc., o que chamamos aqui de **Conceituais;** as habilidades que nas atividades motoras contemplar a fase motora fundamental como o correr, saltar, saltitar, rolar, equilibrar-se em uma superfície de pequena amplitude, arremessar, receber, rebater etc., chamados aqui de **Procedimentais,** e, da mesma forma, as normas os valores, o trabalho em grupo, a cooperação, o respeito a si e aos outros são denominados de **Atitudinais**.

Os conhecimentos dos conceitos, dos procedimentos e das atitudes compõem com os eixos temáticos, os objetivos da presente proposta, desencadeando, assim, a integração entre o saber, o saber fazer e o ser, tão necessária aos processos de desenvolvimento humano.

Tal distinção é fundamental pela possibilidade que têm determinadas atividades de lançar mão de composições diferentes de esquemas mentais. O conhecimento **conceitual** ou declarativo enfatiza o que se conhece, ou seja, refere-se à mobilização dos mecanismos de atenção, percepção e memória, o que só é possível pelo intermédio dos órgãos dos sentidos. O conhecimento **procedimental** ou procedural refere-se às habilidades utilizadas na resolução de tarefas, incluindo-se aí os movimentos que, na faixa etária da educação infantil e primeiras séries do ensino fundamental, encontram-se em etapas de aprimoramento.[36] E, por fim, o emprego de conhecimentos oriundos da relação entre os educandos ou do resgate e experiências anteriores relacionadas à percepção de si perante os demais mobilizará os conhecimentos **Atitudinais**.

Poderá a leitora, questionar o nosso esforço em integrar em uma só atividade os três campos de conhecimento. Há duas razões fundamentais que nos impedem de elaborar propostas onde se dê essa divisão. Uma tem relação com a significância das aprendizagens: se desejamos que o conteúdo da parendizagem tenha sentido para o aprendiz, deverá estar bem relacionado com todos os componentes que intervêm e que o tornam compreensível e funcional. Assim, o domínio de uma técnica ou de uma habilidade não poderá ser utilizado convenientemente caso se desconheça o porquê de seu uso, ou seja, se não está associado aos seus componentes conceituais. Não servirá de nada a habilidade para o correr, se o aluno não for capaz de utilizá-la para atravessar uma rua, pegar um ônibus etc. Igualmente, estes dois conhecimentos: o correr e o para quê correr, serão mais ou menos potentes ou serão alcançados pelo aprendiz de um determinado modo, segundo o marco atitudinal no qual foram aprendidos. A outra razão é dada por uma constatação; quando aprendemos qualquer manifestação da cultura corporal, esta sempre tem componentes conceituais, procedimentais e atitudinais. Poderemos estar mais ou menos conscientes disso, ou seu ensino será ou não intencional, mas, de qualquer forma, no momentos de aprender estamos utilizando ou reforçando simultaneamente conhecimentos de natureza conceitual, procedimental e atitudinal. Isso, claro, sempre que as aprendizagens não sejam puramente mecânicas.[37]

A literatura disponível na área apresenta fortes indícios que é a utilização desses mecanismos de forma ativa por parte dos educandos que os levará à estruturações mais sofisticadas nesses campos.[38] Em outras palavras, um jogo que estimule as crianças a prestar atenção em determinados estímulos auditivos aos quais responderão correndo um de cada vez, mobilizará esquemas conceituais de discriminação auditiva; procedimentais da corrida e atitudinais da organização do grupo.

Na tentativa de uma organização didática mais eficaz, sugerimos à educadora que componha os objetivos das suas atividades de forma a alternar os Eixos Temáticos e os conteúdos de ordem conceitual, procedimental e atitudinal conforme o quadro a seguir:

QUADRO DE PLANEJAMENTO DE ATIVIDADES

EIXOS	CONCEITUAIS	PROCEDIMENTAIS	ATITUDINAIS
ESQUEMA CORPORAL ESTRUTURAÇÃO ESPACIAL ORIENTAÇÃO	ATENÇÃO CONCENTRAÇÃO MEMORIZAÇÃO DISCRIMINAÇÃO VISUAL DISCRIMINAÇÃO AUDITIVA IDENTIFICAR COMPARAR TRANSFERIR CLASSIFICAR	LOCOMOÇÃO: ANDAR, CORRER, SALTAR, SALTITAR, TREPAR, ROLAR, GALOPAR E SALTAR NO MESMO PÉ MANIPULAÇÃO: ARREMESSAR, RECEBER, REBATER, CHUTAR, DRIBLE, CONDUÇÃO DE BOLA COM PÉ E VOLEIO EQUILÍBRIO: ESTAR DE PÉ, ESTAR SENTADO, GIRAR OS BRAÇOS E GIRAR O TRONCO, PARADA DE MÃOS, ROLAMENTO, EQUILÍBRIO NUM SÓ PÉ CAMINHAR POR UMA SUPERFÍCIE DE PEQUENA	CONHECIMENTO DE SI E DOS OUTROS RESPEITO A SI E AOS OUTROS RESPEITO ÀS NORMAS E REGRAS TRABALHO EM GRUPO RESPONSABILIDADE DISCIPLINA AUTOCONTROLE ORGANIZAÇÃO PARTICIPAÇÃO COOPERAÇÃO AUTOCONFIANÇA ESFORÇO PARA SUPE-

Para a composição dos objetivos das aulas, a professora selecionará um dos Eixos Temáticos, por exemplo, **Esquema Corporal**, um dos conhecimentos de ordem conceitual, como exemplo a **discriminação visual e auditiva**, um conhecimento de ordem procedimental, por exemplo, o **andar e correr** e um atitudinal, podendo ser a **cooperação**. Assim, os objetivos da aula nesse dia serão:

Eixo Temático – Orientação Temporal
Conceituais – Discriminação visual e auditiva
Procedimentais – Andar, correr.
Atitudinais – Cooperação

O passo seguinte será a eleição de uma manifestação da cultura corporal que englobe esses objetivos, podendo para tanto, fazer uso de um jogo, de uma atividade rítmica ou de uma atividade expressiva, sendo possível, inclusive, a utilização de mais de uma atividade na mesma aula para o atingimento dos objetivos. Assim, a professora poderá inventar uma atividade, adaptar alguma já conhecida, ou até mesmo, caso se encaixe plenamente nos objetivos, utilizá-la da forma tradicional. As atividades elaboradas e desenvolvidas durante a aula permitirão o contato dos alunos com o conteúdo das aprendizagens planejados. Cabe alertar que um mesmo conteúdo pode ser trabalhado fazendo uso de práticas pedagógicas diversificadas. Assim, não basta fazer uso de atividades lúdicas para que a proposta pedagógica seja interacionista, nesse momento, a professora precisa fazer uso dos pressupostos teóricos relacionados à concepção de ensino e aprendizagem discutidas na Parte II desta obra para que, principalmente, os conhecimentos de ordem conceitual e atitudinal sejam plenamente atingidos.

Atividade Sugerida

Objetivos

Eixos Temáticos: Esquema Corporal
Conceituais: Discriminação visual e auditiva
Procedimentais: Andar, correr
Atitudinais: Cooperação

Atividade

Atividade rítmica "O homem da cola"
Identificar todas as formas de locomoção que as crianças conhecem, socializar entre elas as novas formas.

Método: os alunos serão reunidos em círculo na quadra e, sentados, ouvirão as explicações da professora com relação às atividades as quais serão desenvolvidas a seguir:

Passa então a ensinar a música, verso por verso, solicitando a repetição pelas crianças. A cada quatro versos, pede para as crianças repetirem a estrofe.

Eu sou o homem da cola (ritmo da música "fulano é um bom companheiro")
Eu sou o homem da cola
Eu sou o homem da cola
Agora eu vou colar...

Todas as vezes que ao final da música o professor mencionar uma parte do corpo, os alunos deverão uni-las com a mesmas partes dos corpos dos colegas. Em um dado momento a professora diminui o espaço e coloca obstáculos no caminho. Em um outro, a professora acelera o ritmo da música, fazendo com que as crianças corram.

Sugerimos que cada atividade realizada diariamente ou duas/três vezes por semana, seja composta por Eixos Temáticos, Conhecimentos Conceituais, Procedimentais e Atitudinais diversificados. Tal organização suporá que, propositadamente, estará a professora trabalhando com objetivos diferentes todos os dias. Essa maneira de operar com o Quadro de Planejamento das Atividades encontra razão na existência de períodos críticos e suscetíveis de aprendizado, isto é, um indivíduo está mais inclinado a certos tipos de estímulo em certas épocas.[36]

Assim, o desenvolvimento normal em períodos posteriores pode ser prejudicado se a criança não receber o estímulo apropriado no período crítico. Por exemplo, a falta de experiências de aprendizado apropriadas podem ter um impacto negativo no desenvolvimento posterior e a sugestão dessa diversificação de experiências tenderá a compor intervenções adequadas à maioria dos alunos, facilitando formas positivas de desenvolvimento em estágios posteriores, uma vez que é absolutamente impossível a previsão dos períodos críticos nos quais se encontram a maioria dos nossos alunos.

A proposta apresentada aposta na idéia de que a diversificação de oportunidades de sucesso – detalhe importante na proposição metodológica da professora – tenderá a estruturar esquemas diversificados de conhecimento oportunizando o desenvolvimento global dos alunos. Dessa forma, a distribuição das atividades da cultura corporal de movimento por bimestres ou temporadas é deixada de lado tendo em vista que o que se pretende é garantir aos educandos vivências que mobilizem conhecimentos diferentes a cada sessão. Obviamente, não se espera experimentar situações diversas todos os dias, apenas alertar para o cuidado que a professora deve ter em não persistir na mesma atividade pressionada, tantas vezes, pelos pedidos do próprio grupo de alunos.

PARTE II

Pressupostos teóricos

Educação Física: pressupostos para uma nova concepção

Há mais de 130 anos quando a aula de Educação Física passou a compor o currículo das escolas brasileiras, sua tarefa principal era a de educar para a disciplina e a obediência, além de preparar especialmente as pessoas para o serviço militar.[39] Posteriormente, esse objetivo passou a ser a introduzir aos alunos nos modelos socialmente dominantes do esporte e qualificar os indivíduos para participar dos contextos específicos de ação e normas do esporte. Rendimento e competição possuem uma dimensão objetiva, isto é, uma comparação possível de mensuração de movimentos, que são nada mais nada menos que as concepções dominantes de normas e valores do esporte, oferecido cotidianamente nas escolas. Mas, esses valores e normas não são imutáveis. Assim, desde o início dos anos 80, cada vez mais são discutidas idéias que propõe uma reforma nas aulas de Educação Física, visando tanto a democratização quanto a humanização,[40] na relação entre a professora e o aluno.

Recentemente, com a publicação da nova Lei de Diretrizes e Bases da Educação Nacional (9.394/96) e, em conseqüência, os Parâmetros Curriculares Nacionais tornou-se necessária a busca de um novo significado para a educação formal, para a escola e diretamente, para o ensino da escola. Assim, no intuito de "pleno desenvolvimento do educando, seu preparo para o exercício da cidadania e a qualificação para o trabalho" (Art. 2º), estudiosos brasileiros debruçaram-se sobre a composição de programas de Educação Física que contemplassem a formação de pessoas com um campo maior de circulação – ao invés de restringir-se à formação de indivíduos para a prática esportiva, e passou a objetivar-se a formação plena.

No trâmite exclusivo das idéias pedagógicas, eram conhecidos os pressupostos brasileiros que caminhavam nessa direção: sobre a "educação bancária"[2], sobre uma "democratização da escola",[41] e também sobre uma pedagogia orientada "criticamente ao diálogo".[42]

Pretendemos com este livro propor a continuidade do debate, intervindo novamente nessa discussão, contribuindo também com uma proposta de prática educativa para as aulas de Educação Física no período inicial da escolarização. Com uma concepção de educação marcada pela meta de educar os alunos e levá-los a adquirir a capacidade de ação, isto é, a se tornarem pessoas que podem atuar nos diversos setores da sociedade, mas que, ao mesmo tempo, estejam interessados no desenvolvimento de uma sociedade democrática e que sejam capazes de participar racionalmente na mudança desta sociedade.[43]

Defendemos e apresentamos uma proposta de Educação Física plenamente discutida com os alunos; que procura uma ligação do aprender escolar com a vida de movimento; que não visa o rendimento motor; que considera as necessidades, os interesses e as condições reais dos indivíduos; que mantém a característica lúdica e natural na movimentação e que estimule e desenvolva a discussão social.

Recordemos um pouco das aulas que tivemos quando éramos estudantes nos antigos primeiro e segundo graus:

Veremos alunos em fila, atendendo aos comandos de uma professora que solicitava a repetição de determinados exercícios físicos ou os fundamentos de uma modalidade esportiva. Encontraremos nos momentos finais dessas aulas, a divisão de equipes para a realização de um jogo; normalmente, alguns jogavam e outros esperavam a sua vez de entrar na quadra. Com um esforço de memória seremos capazes de recordar a mínima participação dos alunos nas tomadas de decisão sobre o que seria feito e de que maneira e a maioria de nós sequer entendia o por que aquilo era feito daquela forma.

Tal modelo, predominante nas escolas brasileiras, amparava-se nos seguintes pressupostos:[44]

- A Educação Física que se realizava na instituição social escolar, repetia os modelos executados em outras instituições,

- Embora, o sentido da distribuição curricular seja a gradação dos objetivos e conteúdos utilizados, no caso da Educação Física isso parece não ocorrer, sendo constatadas as aulas repetitivas com objetivos de pouca identificação ao corpo docente;[45]

- Após a promulgação da Lei 5692/71 a Educação Física adotou um caráter eminentemente prático – hora-atividade – estando professores e instituição escolar "presos" à execução de atividades ininterruptamente, se não havia movimento, no entender destes, não reconstituía em aula de Educação Física;

- A existência e a participação de determinadas atividades extra-escolares como Olimpíadas, Festivais de Ginástica e Dança; Jogos Escolares, acabava determinando um conteúdo predominante das aulas;

- A forma de movimento era fixada pelo conteúdo, ou seja, se havia campeonatos, a professora ensinava um esporte que, obviamente, possuía movimentos específicos;

- O método era fixado através do conhecido método das partes, do todo ou misto, provindo de estudos da aprendizagem motora que refletiam a idéia de que a repetição das partes melhorava a execução final do movimento.[46]

Esta análise é uma constatação cujos efeitos da organização na interação e vice-versa, torna-se imprescindível. Para tal, é necessária uma breve reflexão sobre essa questão.

Na intenção de educar, ou seja, socializar os membros mais jovens da espécie, a fixação de saberes se torna importante. Emprega-se, com essa intenção, um verdadeiro arsenal de meios para garantir o sucesso das intensões do processo de ensino. Assim, o aluno se depara com diversos elementos: com a estrutura escolar quanto ao caráter espacial do terreno de aprendizagem (sala, quadra, pátio), quanto ao caráter temporal (aula de 45 ou 50 minutos duas ou três vezes por semana) e, também, com a diferenciação dos conhecimentos na forma de disciplinas, conteúdos, avaliações, trabalhos, boletins e diários de chamada.

Quando entendemos a interação como algo fundamental para a aprendizagem, então a relação com a organização escolar apresenta-se como algo que deve ocupar um importante espaço de discussão. Nesse sentido, a estruturação de toda a organização escolar, desde a participação dos pais na cultura da escola até as concepções metodológicas dos professores adquirem relevância, afinal, a modificação pedagógica de algo que todos entendem como ideal traz, normalmente, um grande desequilíbrio na comunidade. O sistema escolar distribuídos em ciclos, a Progressão Continuada e a Recuperação Paralela são bons exemplos dessa situação.[10]

Com um crescente grau de organização deve-se esperar que a real interação dos alunos ocorra sincronizadamente nos processos de ensino. Porém, a organização poderá ser questionada e definida novamente:[44]

a) Até que ponto as relações de interação estão congeladas pela organização, isto é, como os espaços e as possibilidades de definição e de interpretação são possíveis aos participantes?

b) Em que medida são necessárias a manutenção de certos conteúdos no currículo da escola e quais as possibilidades de modificação desse currículo?

c) Serão consistentes as contribuições desse ensino para o processo de formação do cidadão que queremos?

d) Os métodos de ensino utilizados indicam uma posição coerente e teoricamente sustentada?

Pensando esta problemática e correlacionando-a à prática pedagógica da professora de Educação Física criticada anteriormente, verificaremos como a organização da nossa ação por meio dos movimentos esportivos fixa praticamente todas as relações de interação. A tese de que nossa ação motora é organizada de forma crescente no esporte e que tal modo de ação também impõe tendências nas aulas não é nova.

Correr apresenta-se assim em forma de correr esportivo – "apostar corridas", ou seja, provas. Já o jogo caracteriza-se como jogo esportivo; para poder jogá-lo é preciso conhecer as técnicas e as táticas. A natação é natação esportiva, definida por técnicas de deslizamento, viradas, etc.

Os exemplos evidenciam que a aprendizagem de movimento na aula de Educação Física, como problema de ensino e aprendizagem, contém a adaptação a formas esportivo-motoras estereotipadas.

Nessas aulas, os espaços de ação e de interpretação, como respeito a uma adoção de realidade de movimento determinada por regras esportivas, são muito limitados quando se trata de esporte formal. Os espaços de ação e de interpretação ainda são acanhados pelos locais e aparelhos de movimento, como, por exemplo, a quadra com traves, tabelas, linhas.

Os problemas de ensino e aprendizagem, numa aula de Educação Física centrada no movimento aumentam dia a dia, limitam os alunos e os submetem a estereótipos de movimento já definidos anteriormente e o provável avanço da professora com o conteúdo, obrigatoriamente não alcançará a todos, fabricando através dessa ação, um grupo cada vez maior de excluídos da atividade. Todos nós conhecemos as usuais concepções metodológicas comumente utilizadas, as quais se propõem a criar uma realidade esportiva aceitável, infelizmente, isso nem sempre é possível.

Sessões metodológicas de exercícios, que se aproximam e se preocupam como modelos fixos de movimento ou sessões metodológicas de jogos para a aprendizagem esportiva, são exemplos onde se pode constatar que as relações de interação na aula são limitadas, pois predomina a imposição de algo exterior ao ambiente escolar (sem modificações) como conteúdo. Assim, nas aulas, a suposta harmonia de sentido entre a cultura corporal de movimento fora da escola e na escola reduz a interação, como negociação de significados, tornando o entendimento entre as pessoas somente válido através das regras esportivas.

Uma desavisada professora, poderá, então, manifestar um espontaneísmo nas suas atividades dizendo não contribuir com essas determinações, pois, permite, nas suas aulas, que os alunos se organizem sozinhos. Observando cuidadosamente essa espécie de relação (que também acontece), poderemos notar que a normatização tradicional estará presente até mesmo na falta de participação da professora: os alunos se distribuirão em equipes e terão suas condutas motoras estereotipadas por regulações, freqüentemente, mais rígidas que as impostas pela professora, até o ponto de escolherem um colega para apitar seus jogos e outros que permanecerão indefinidamente "na reserva". Por meio desse fato, cabe lembrar que o esporte, a dança, a ginástica são valiosas manifestação da cultura, no entanto, as formas pelas quais têm sido inseridas na grade curricular, são, tantas vezes, pouco ou nada pedagógicas e se apresentam bem pouco coerentes com a idéia de formar cidadãos pensada no início do terceiro milênio.

Na atual conjuntura, convém a todos os envolvidos com a temática escolar uma análise profunda dos princípios em voga. Seria importante tentar destacar os modelos de ação pretendidos através da organização das aulas como um todo. O que significa ser aluno e professora, o que significa ser desportista e técnico?[44] Quais são as conseqüências sociais de uma fixação por meio da organização do esporte para os participantes de uma aula de Educação Física?

O ensino deve, por outro lado, ser analisado conforme a maneira e a possibilidade de como os alunos podem trabalhar com os temas de aula, as possibilidades de interação nessas aulas e como a professora planeja e oferece as situações de ensino e aprendizagem.

Como profissionais comprometidos com uma educação transformadora, é nossa obrigação repensar a prática de ensino da Educação Física e, com coragem, enfrentar todas as conseqüências da adoção de uma nova didática nas aulas. Elaborar propostas de aulas mais abertas à participação, às experiências e à tomada de decisão dos alunos fará com que objetivos e finalidades do ensino sejam alcançados com a prática educativa – postura tão necessária e tão fundamental para a nossa paz de consciência. Contudo, o enfrentamento das más interpretações, do nosso despreparo e desconhecimento, da dificuldade de elaboração de critérios, da resistência das diversas instâncias escolares fará parte dessa experiência de modificação.

Queremos propor uma disposição das situações de ensino de tal maneira que os alunos tenham oportunidade de entender as manifestações da cultura corporal de movimento como não sendo algo institucionalizado, podendo ser por eles modificadas e tornando-as disponíveis no sentido de atender aos seus próprios interesses e às mudanças da vida cotidiana.

Assim, é necessária e urgente a ligação dos planejamentos de aula, por um lado, ao mundo dos alunos a às suas situações de jogos diários. Por outro lado, retroagir nessas situações diárias, fazendo os alunos aprenderem a descobrir no seu ambiente de vida, as relações com os movimentos vividos nas aulas. Queremos fazer com que os alunos e professoras busquem o sentido do movimento ao invés da adaptação inconsciente ao mundo esportivo aparentemente sem problemas.

Contudo, podemos afirmar que geralmente a professora resiste muito à mudança, à novidade, à experiência, defendendo seu ponto de vista de todas as formas possíveis. Em encontros organizados para formação de professores, por exemplo, é comum encontrarmos partidários do nosso ponto de vista, verdadeiros defensores da educação transformadora, de novas pedagogias, de modificações nas maneiras de conduzir as aulas etc.

Embora, o discurso seja esse, logo em seguida, os mesmos oradores apresentam as dificuldades que os impedem de mudar: os alunos já estão acostumados assim, eles pedem a bola, os pais não querem outra coisa, enfim, a postura da continuidade.

Num sentido, todos concordamos, é preciso colocar em xeque a prática educativa atual, principalmente a prática educativa das atividades motoras. As teorias didáticas dominantes na área vêem como sua tarefa o encaminhamento precoce dos alunos na realidade social do esporte e a qualificação dos indivíduos para uma participação específica nos contextos de ação e movimentos que a cultura corporal exige.

Numa análise do micro, partimos da compreensão que se entende a aula como um fato social, isto é, o fato principal da análise tem que se basear na pergunta: Com que condições e regras a respectiva aula é construída e que conseqüências sociais surgem dali para as pessoas que dela participam?

Verificamos nas aulas que, freqüentemente, o fenômeno da compreensão se dá de forma reprodutiva para os alunos; por isso eles só conseguem experimentar os conteúdos pelo modo como a professora os prepara. As experiências de movimento que os alunos fazem no seu mundo extra-escolar, no manuseio explorativo do espaço e dos materiais, da troca das mais diversas experiências de movimento e de idéias que os alunos fazem no seu mundo extra-escolar, apresentam-se-lhes, agora, na aula de Educação Física, de uma forma em que as normas motoras são colocadas diretamente para solução imediata. Como já foi visto anteriormente esse modo de compreensão reprodutiva foi denominado educação bancária.[2] Com isso, se evidencia uma forma de transmissão de sentido que só visa à recepção passiva de conhecimento e seu respectivo depósito. Assim, os alunos são transformados em recipientes a serem preenchidos pela educadora. Esta real censura está direcionada às conseqüências que tal sistema de transmissão traz consigo, pois, de fato, se aprendem coisas sem referência ao próprio mundo real, é o conhecido questionamento "professora para que estamos aprendendo isso?", comumente ouvido. A consciência crítica dessa realidade também não pode ser desenvolvida sem tal referência. A execução depositária da consciência impede totalmente a crítica relativa à própria prática de vida.

Propor uma nova metodologia de ensino em qualquer área é algo que requer sustentação. Essa sustentação se dá com base nos princípios filosóficos, humanos e psicológicos que norteiam o papel da professora na escola e que serão expostos a seguir. Na intenção de tornar as nossas concepções claras à leitora, dividimo-las em três blocos: o que entendemos por educação; o que entendemos por objeto de ensino em Educação Física e o que entendemos por ensino.

A educação e a cultura corporal de movimento

Educação é uma parte da socialização geral, isto é, o setor de interações conscientes e socialmente regulamentadas, nas quais um indivíduo mais inexperiente, no seu processo de desenvolvimento, é qualificado a aprender maneiras culturais de uma sociedade e prosseguir no seu desenvolvimento, e neste processo de qualificação tornar-se uma pessoa independente e responsável. Ou seja, o processo educativo caminha sempre em duas direções que impressionam pela possibilidade do paradoxo: o desenvolvimento de seres sociais e o desenvolvimento como ser único e inconfundível.

A educação representa o campo organizado, planejado, sistematizado e intencional, em que os órgãos sociais e instituições específicas, como, por exemplo, a família, a escola, a fábrica etc., são responsáveis pela construção cotidiana.

Como idéia básica temos o desenvolvimento da capacidade de ação e a educação visa sempre ao indivíduo, ao educando. Entretanto, o seu interesse não pode ser reduzido a uma concepção individualista, mas deve permanecer claro o seu sentido histórico-social, sem, contudo, renunciarmos ao seu aspecto individual. A educação deve ser colocada na amplitude normativa que vai da auto-realização individual à emancipação da sociedade.

Estes aspectos fundamentam o ideal pedagógico de um sujeito capaz de tornar-se atuante através da educação, um indivíduo que pode atuar nos diversos setores existentes da sociedade, mas, ao mesmo tempo, está interessado no desenvolvimento de uma sociedade democrática e é capaz de participar racionalmente desta mudança. A participação na sociedade como ela é e a problematização das suas estruturas enrijecidas e suas novas perspectivas constituem as duas dimensões dialeticamente limitadas de um conceito pedagógico de capacidade de ação.

A educação, no nosso entender, está interessada em um indivíduo capaz de atuar e realiza-se como uma ação comunicativa. Com isso entende-se uma ação que não tem por objetivo transmitir significado, mas que visa à compreensão das diretrizes e objetivos da ação. Através da atuação na prática e da reflexão, deve ser possibilitado ao educando uma compreensão do seu mundo e da realidade social, uma conscientização das condições, possibilidades e conseqüências de seu agir, isto é, explicação e reflexão próprias, em vez da manipulação. Para isso, é necessário encarar as crianças com seriedade e os jovens como sujeitos que são capazes de atuar no seu mundo.

A ação pedagógica, deve se realizar no horizonte de experiências da criança, para possibilitar a estes amplos conhecimentos, escalas de valores, modelos de ação, desenvolvendo, assim, a sua capacidade de atuar.[44]

Com base nos conceitos fundamentais de educação acima apresentados, podemos analisar a relação pedagógica entre atividades motoras e educação, no seguinte aspecto: o interesse pedagógico deve possibilitar o desenvolvimento da capacidade de ação (motora e mental) por meio da utilização de elementos da cultura corporal de movimento, ou seja, pretende-se proporcionar ao educando seu desenvolvimento individual e social, através da possibilidade de construção de conceitos, procedimentos e atitudes, por meio do jogo, da dança, da luta, da ginástica, do esporte e dos conhecimentos sobre o corpo, em oposição, às posturas tradicionais de utilizar a atividade motora com fim em si mesma – a melhora no seu desempenho.

Assim, a cultura corporal de movimento pode cooperar no desenvolvimento da capacidade de ação, tornando o corpo mais apto por meio de inúmeras possibilidades de movimento vivenciadas. A experiência da corporalidade é uma condição imprescindível e é a base da capacidade humana de ação.

A cultura corporal de movimento pode ser importante para a atividade motora cotidiana, uma vez que se constitui de um amplo repertório de conhecimentos que contribuem para o lidar na sociedade, e para superar desafios.

A cultura corporal de movimento contribui para a dimensão social da capacidade de ação. Como a atividade motora possibilita a interação e a comunicação, oferece um campo em que diversão e alegria, mas também dificuldades e problemas se fazem presentes. Essa prática possibilita inúmeras ações.

A capacidade de ação está intimamente ligada com o conhecimento. Uma vez, conscientes (no sentido da tomada de consciência de Piaget e da conscientização de Freire) da insalubridade de determinados hábitos ou do risco de determinadas atitudes, os educandos terão a oportunidade de fazer uso do livre arbítrio para optar por posicionamentos arriscados ou não. Assim, o estudo da cultura corporal de movimento incluirá também a construção de conhecimentos e a aprendizagem de uma série de conceitos historicamente acumulados pertencentes a essa área.

Finalmente, a cultura corporal de movimento pode oferecer às crianças e jovens um modelo compreensível da realidade social democrática. Através do jogo, do esporte e da dança, por exemplo, e fazendo uso de métodos de ensino ativos, os educandos poderão participar da construção de regras ou de coreografias, fazendo-se respeitar enquanto cidadãos com direito a opiniões e defesas de posição. Assim, por meio do diálogo, troca de pontos de vista e posicionamentos, os modelos de ação e a construção de regras sociais podem ser esclarecidos e melhor compreendidos.

Para uma compreensão pedagógica da cultura corporal de movimento

No que foi dito até agora, está implícita uma determinada concepção de atividade motora que será explicitada a seguir: a cultura corporal de movimento é um campo de ação social concreto, no qual o movimento humano é fundamental. O que é atividade motora parece estar definido através de todas as manifestações humanas que envolvam simples movimentos – desde dirigir um automóvel a escrever uma carta, entretanto, a cultura corporal de movimento é um conceito que agrupa aquelas atividades motoras que, inventadas pelo homem, fazem parte do acervo cultural de uma determinada sociedade e não têm fins utilitários. Por exemplo, não podemos confundir os movimentos realizados para varrer uma sala com aqueles praticados durante uma dança, estes são feitos visando a repressão e aquele, para atingir outros objetivos distantes do ato motor.

Numa dimensão objetiva, a cultura corporal de movimento apresenta-se como uma realidade socialmente construída, em um processo histórico-social, com formas específicas de ação, num sistema organizado: competições esportivas, treinamentos físicos, espetáculos de dança, torneios de lutas, jogos de salão e conhecimentos científicos. Nestes casos, as normas dominantes da nossa sociedade e os valores correspondentes estão ali refletidos. Entretanto, as práticas descritas acima formam um sistema de regras sem vida, que somente se torna realidade com a ação do homem. Tal realidade surge através das atitudes dos indivíduos, que, com base nas suas necessidades e interesses, podem determinar sua mudança. Portanto, as regras do esporte podem ser modificadas, os métodos de treinamento desportivo podem sofrer avanços ou retrocessos, os espetáculos de dança se transformam, as lutas se renovam e os conhecimentos científicos são substituídos por outros mais sofisticados. Outras formas de movimento e objetivos de ação que não aqueles anteriormente previstos nos sistemas podem dar origem ao movimento novo. Surge, assim, uma outra realidade social.

A cultura corporal de movimento mostra-se, desse modo, como um campo de ação socialmente estabilizado, com diferentes estruturas, com objetivos predeterminados, formas de movimentos e instituições, e também, como possibilidade aberta para uma alternativa livre e auto-definida.

Do ponto de vista da educação, trata-se de possibilitar ao indivíduo a participação no concreto campo de ação (cultura corporal de movimento), de tal modo que as possibilidades pedagógicas da Educação Física possam ser realizadas. Com isso, as atividades motoras tornam-se um objeto didático, isto é, elas podem ser encaradas do ponto de vista dos objetivos pedagógicos como objeto de ação de alunos e professoras. Esse tratamento didático da cultura corporal de movimento significa atribuir-lhe diferentes significados que irão dar origem a diferentes perspectivas para a sua realização na prática pedagógica. Sob o ponto de vista do conceito fundamental de "desenvolvimento da capacidade de ação", apostamos no entendimento da cultura corporal de movimento como um espaço aberto de ação e movimento, no qual os homens realizam suas idéias e necessidades e podem alterar criticamente as normas existentes.

Sob a vigilância crítica da educação e com o intuito de desenvolver a práxis no sentido freireano, a cultura corporal de movimento, na escola, não pode ser reduzida à dimensão de reprodução do que se encontra fora da escola, como se sucede, infelizmente, em algumas escolas.

Precisamos abraçar, a qualquer custo, a causa da transformação, a invenção e reinvenção das atividades motoras desenvolvidas nas aulas. Que seja a aula o espaço dessa mudança, dando vez e voz aos alunos, verdadeiros beneficiários desse processo.

Uma nova concepção para as atividades de Educação Física

Como já vimos, quando tratamos de educação, cada sociedade possui instituições especiais (escolas, clubes, associações) com uma determinada tarefa pedagógica. Essas instituições realizam reuniões freqüentes para recriar na prática suas tarefas. A aula pode valer como uma reunião, mas é oportuno salientar a importância de que ela foi planejada com intenção de trabalhar a educação sistematicamente.

Podemos caracterizar a aula como um acontecimento socialmente regulamentado, no qual os participantes – professora e alunos – constroem situações de ensino e aprendizagem, com a finalidade de capacitar os alunos a atuar na cultura corporal de movimento e através dela.

Nas discussões didáticas e pedagógicas dos últimos anos, foram elaboradas diversas imagens de como estas situações de ensino e aprendizagem deveriam ser organizadas e realizadas. Tais concepções de aula foram apresentadas quase sempre em forma de alternativas, ou seja, uma concepção em confronto com a outra. Contudo, tem sido feita ultimamente uma leitura dessas concepções à luz dos pressupostos teóricos da Psicologia da Educação, que visa, especialmente, desvendar os aspectos fundamentais do psiquismo humano com relação à instituição escolar.

De forma geral, muitos profissionais atribuem às aulas de Educação Física a função de construir valores, posturas e atitudes positivas diante da sociedade. Tal posicionamento se justifica pelo emprego direto de inúmeras formas de relacionamento humano pelos educandos durante a realização dos jogos.

Contudo, essa concepção nos obriga a rever outras que garantem que a simples obediência às regras do jogo, a participação eficaz, não garantem manifestações de submissão e aceitação das regras sociais externas às aulas.[47] É preciso que o aluno participe ativamente da construção dessas regras, que coloque em xeque seus pontos de vista sobre determinada situação, veja-os em prática, defenda-os perante os colegas e, por vezes, compreenda que as idéias de outros podem ser mais eficazes naquele momento para a solução de um problema em específico.

A reflexão sobre os problemas vividos em um jogo ou elaboração com materiais por exemplo, ganha um destaque especial na construção da pedagogia ativa.[48] A professora, dotada do conhecimento técnico sobre o assunto, se apressa a ensiná-lo, o que leva o aluno a assumir a postura passiva de receptador das informações, favorecendo em muito pouco a estruturação de formas mais complexas de inteligência. O estudo do aparecimento da inteligência parece indicar que o funcionamento intelectual não procede nem por tateamento, nem por uma estruturação puramente endógena, mas por uma atividade estruturante que implica ao mesmo tempo em formas elaboradas pelo sujeito e num ajustamento contínuo dessas formas aos dados da experiência.

A compreensão da aquisição de novos comportamentos sociais através das aulas de Educação Física não ocorre de forma linear. Entendemos essas aquisições de forma muito diferente, nossa posição se dá inclusive com o olhar voltado à prática. É comum, observar que determinados alunos apresentam um comportamento extremamente positivo nas atividades motoras, respeitando as regras e os companheiros, mas se comportam de maneira inversa em outras situações escolares – as atividades na sala de aula, por exemplo – o comportamento apresentado é o inverso. Como explicar isso?

As relações entre os homens se dão desde a ontogênese. No período intra-uterino, já existe a díade mãe e criança, inferida na idéia de relação. As relações sociais primárias (e primeiras) têm início na família. A convivência com os elementos que a constituem, com outras crianças e com outros adultos indica um certo nível de relação social.

A escola, como toda instituição social, também tem suas regras, e nesse sistema os professores representam a autoridade e os valores do conhecimento. Por vezes, a escola reforça os valores da sociedade, o sentimento de inferioridade, de submissão, o respeito pela ordem estabelecida, o aprendizado de cada um por si, da competição, do individualismo, esses valores são impostos por certas práticas pedagógicas.

Através do jogo impõe-se todo dispositivo oficial da instituição escolar e extra-escolar veiculado pela mídia. Estando a escola atrelada a essa espécie de prática, é fácil perceber a contribuição e afirmação dos valores por ela veiculados.[44]

A análise das regras e normas que norteiam as interações traz um esclarecimento sobre o que acontece nas aulas. O que parece espontâneo, é controlado socialmente, com base em experiências anteriores. A regulamentação que define o comportamento no interior da escola – não correr no corredor, levantar a mão antes de falar, responder a chamada, fazer silêncio enquanto a professora fala – é um micro-sistema social próprio, uma parte das normas que determinam fortemente a relação entre professores e alunos.

Entretanto, como se sabe, os níveis de socialização são também determinados pelas condições de vida, o que vale dizer que quanto maiores e mais significativos forem os contatos e interações que a criança mantiver com o mundo dos objetos e das pessoas, melhores serão suas chances de socialização. Socializar, porém, não significa somente ajustar procedimentos da criança às normas sociais, visando sua integração neste ou naquele grupo social.[49] Significa desenvolver uma disposição favorável para o convívio da vida em sociedade, implicando, necessariamente e por conseqüência, na capacidade de trabalhar e viver em grupo cooperativamente.

Sobre esse aspecto, cabe estabelecer a distinção entre dois tipos de relações sociais: a coação e a cooperação. A coação leva ao empobrecimento das relações sociais, produzindo isolamento do autor da coação e do coagido, freando o desenvolvimento da inteligência. Por outro lado, a cooperação pede e possibilita o desenvolvimento, pressupondo a coordenação de dois ou mais sujeitos, representando o mais alto nível de socialização.

Quando discutimos e procuramos sinceramente compreender outrém, compromete-mo-nos não somente a não nos contradizer, a não jogar com as palavras etc., mas ainda comprometemo-nos a entrar numa série indefinida de pontos de vista que não são os nossos. A cooperação não é, portanto, um sistema de equilíbrio estático, como ocorre no regime da coação. É um equilíbrio móvel. Os compromissos que assumimos em relação à coação podem ser penosos, mas sabemos aonde nos levam. Aqueles que assumimos em relação à cooperação nos levam não sei onde. Eles são formais, e não materiais.[20]

Desde muito cedo, a criança percebe que não pode satisfazer todos seus desejos segundo sua vontade e já começa a identificar algumas regras impostas pelos adultos. Entretanto, tem dificuldade em aceitar essas regras porque obviamente não é capaz de raciocinar do ponto de vista do adulto.

Em geral, ela obedece ao adulto, mas não o compreende bem. Seria desejável que ocorresse o contrário com maior freqüência, ou seja, que o adulto compreendesse a criança e não a reprimisse. A criança se relaciona razoavelmente bem com os adultos, mas o faz melhor com outras crianças com as quais exerce sua principal atividade: brincar e jogar. E quando brinca, sozinha ou em grupo, já há indícios do aprendizado de algumas regras. Mesmo quando a atividade é centrada nela mesma, a criança estabelece alguns ritos que podem ser identificados como normas.

Na fase em que ingressa na escola de ensino fundamental, a criança ainda é bastante egocêntrica; por isso, as atividades propostas na Educação Física precisam respeitar essa transição do "eu" para o "nós", do singular para o plural, do individual para o coletivo. Gradativamente, deve-se propor jogos e brincadeiras que conduzem a uma socialização crescente. Para essa criança, a escola é muito mais um local de convívio social do que um lugar onde se aprende a ler, escrever e contar.[10]

A utilização do jogo simbólico – estabelecido pela criança prioritariamente na fase anterior ao Ensino Fundamental –, é importante no início da escolarização, porque prepara, por assim dizer, o terreno para o desenvolvimento de um jogo com caráter social mais típico, um jogo com regras.

A intenção é a adoção de uma postura democrática do ponto de vista da elaboração das regras, uma vez que o objetivo da atividade é ressaltar o processo de construção que se dá nos momentos de discussão e defesas de diferentes pontos de vista pelas crianças.

Passo a passo, portanto, a professora observa e identifica o momento mais adequado para interferir nesse jogo com características nítida e intencionalmente socializantes. Nesse sentido, as regras para qualquer jogo devem ser propostas e discutidas por todos aqueles que vão jogar, aproveitando-se de sugestões dos próprios participantes ou da professora. Sua aceitação implica, certamente, na coerência com os objetivos do jogo e nível cognitivo das crianças.

Filhas de uma pedagogia tradicional, as professoras ensinam as regras, "passam para a criança" o funcionamento completo do jogo, impedindo, num certo sentido, o processo de compreensão da organização social. Por outro lado, na construção coletiva das regras, é essencial que cada aluno defenda suas posições, leve em consideração os interesses dos outros, que ceda, voluntariamente e em parte, aos próprios desejos, acolhendo as decisões grupais com respeito e lealdade. É o exercício da cidadania, da civilidade que estão em jogo e no jogo. É o início da socialização consciente, construída em bases mais racionais de reflexão, de decisão e aceitação do senso e do bem comuns.

Nessa direção, a voz oficial, dentre os objetivos a serem desenvolvidos descrevem a predisposição para criar, transformar e adaptar regras na criação de jogos e atividades que dêem prioridade à inclusão de todos; Compreensão, discussão e construção de regras aplicadas aos jogos e esportes: compreensão das transformações nas regras e sua relação com o desenvolvimento do nível técnico; vivência de situações de aprendizagem para utilização e adaptação das regras ao nível da capacidade do grupo, do espaço e dos materiais disponíveis.[50]

Um jogo com regras é, figurativamente falando, um edifício em construção, onde os engenheiros são os alunos e a professora, e os alicerces são as discussões democráticas. As paredes que vão subindo são as regras que vão sendo construídas, cada vez mais complexas; e o final da construção, o acabamento, é a percepção do sujeito como integrante de um grupo onde sua individualidade é respeitada.

A construção das regras do jogo, a partir da verbalização sugestiva e espontânea do educando permite que a atividade se desenrole com tranqüilidade e disciplina, o que, dificilmente ocorre quando as regras são impostas pela professora. Discutir de maneira democrática com os alunos é trabalhoso, mas os frutos desse trabalho são indiscutivelmente mais significativos. Esse desenvolvimento ativo e democrático termina por desencadear um comportamento autônomo do ponto de vista moral no grupo de alunos.

Se desejarmos que os educandos desenvolvam a autonomia moral (componente importantíssimo da vida em uma sociedade que se pretende democrática), devemos reduzir nosso poder adulto, abstendo-nos de usar recompensas e castigos e encorajando-os a construir por si mesmos seus próprios valores morais. As crianças tornam tais atitudes não por internalizá-las ou absorvê-las, mas por construí-las interiormente, através da interação com o meio ambiente.

Enfim, inúmeras vezes, nas aulas de Educação Física os resultados ou *performances* obtidos nas atividades são premiados: batem-se palmas para a equipe que termina a tarefa primeiro; os alunos que possuem maiores habilidades escolhem as equipes ou ocorre o velho "quem ganha fica". É nessa comparação de *performances* que surge a necessidade de igualar condições, o que se consegue pelo estabelecimento de regras rígidas, impostas por um mediador, às quais os alunos são submetidos. O jogo praticado na escola reforça a dependência da detentora do conhecimento, normalmente a professora, que tem o poder de tornar o aluno um bom praticante, reforçando o individualismo, a concorrência e a obediência. Como vimos, esse quadro em pouco contribui para a formação do cidadão.

Se quisermos empreender uma tentativa de superação da tradicional concepção de aprendizado social que, nessas aulas, enfatiza o respeito incondicional e irrefletido às regras, que dá a estas um caráter estático e inquestionável e que leva ao acomodamento, precisamos determinar o que deveria buscar o aprendizado social nos jogos e como alcançá-lo.

O aprendizado deve ser o conhecer, o tornar-se consciente das normas sociais e, se necessário, o saber e o poder modificá-las. Trata-se de testar as normas sociais e então decidir-se livre e espontaneamente sobre sua adoção ou modificação; trata-se de agir sobre as regras. Parar o jogo, refletir, juntos encontrar caminhos que compreendam soluções para os problemas surgidos. Nesta concepção toma-se uma decisão consciente pelo estudo, pela reflexão, pelo questionamento e pela experimentação. Adquirir consciência do processo de regulamentação, isto é, de como as regras são instituídas, discutidas e combinadas será um importante passo na formação de uma sociedade mais justa e democrática.

Alfabetização: dos métodos à construção

Pode-se dizer que o que chamamos de processo de alfabetização comporta a aprendizagem coletiva e simultânea dos rudimentos de leitura e da escrita. Mas nem sempre foi assim. Houve um longo período em que essas duas aprendizagens eram concebidas de modo distinto, separadas e sucessivas no tempo, e os métodos até então existentes eram aplicáveis à educação privada, individual, aplicada pelo preceptor, precursor do pedagogo.

Esse novo entendimento deu-se em meados do século XIX. Antes de tudo, a escrita deixa de ser uma arte e passa a ser vista como um trabalho manual. O ensino da escrita é simplificado, preparando a mudança fundamental. É nessa mesma época que surge a questão da conveniência de ensinar às crianças a letra manuscrita, a de imprensa ou as duas ao mesmo tempo. A maioria é partidária de se iniciar pela letra manuscrita desde que, no sistema simultâneo, a criança leia o que escreveu, e escreva o que leu.

Inicialmente, o ensino da escrita precedia a leitura. Ensinavam-se primeiro as letras, as sílabas e, por fim, as palavras. Posteriormente, combinava-se esse método com o emprego dos fonemas, no qual as crianças traçam as letras não mais dizendo seus nomes, mas o som da letra.

Mais tarde foi proposto o método simultâneo de marcha analítico-sintética, utilizando palavras-chave onde, por exemplo, com o auxílio de um cartaz com o desenho de uma ilha a professora trabalhava a palavra-chave ilha, para ensinar a letra *i*. Mas essa transformação radical pela qual passou a aprendizagem da leitura não foi aceita unanimemente: alguns mestres permanecem convictos de que ler e escrever são aprendizagens distintas e que o ideal seria aprender a escrever quando já tivessem iniciado a aprendizagem da leitura. Resistiram à inovação até onde foi possível.

Na verdade, esse aperfeiçoamento estava estreitamente relacionado com o novo modelo cultural proposto pelas idéias republicanas, que passam a excluir indivíduos analfabetos.

A indústria nascente, o sufrágio universal, a urbanização crescente, a necessidade de adoção de novos valores propagados pela nova classe no poder, vieram demonstrar a urgência de garantir a todos o mínimo de instrução. Era preciso garantir a ordem e a estabilidade social através de uma instituição que, ao mesmo tempo, veiculasse os valores dominantes e dotasse o cidadão dos rudimentos da leitura e escrita adequados à situação emergente.

Paralelamente, a educação passa a ser vista, pelos pais, como a esperança de ascensão social, poupando os filhos de um futuro de trabalhos considerados rudes e mal remunerados. Desse modo, cresce a demanda pela educação.

Nasce assim o mito da alfabetização, e a promoção coletiva, visando à mudança social, é substituída pela escalada pessoal patrocinada pelo sucesso escolar. É, então, no jogo estabelecido pela Revolução Industrial entre a continuidade e a descontinuidade do tempo, onde a ruptura vai sendo atropelada pela tradição, que a alfabetização se torna o fundamento da escola básica e a leitura e a escrita, aprendizagem escolar.

Se antes a alfabetização foi um imperativo da fé, garantia de acesso à Santa Doutrina, com a República é exigência de modernização social: de uma mística, passamos para uma concepção social da alfabetização. Dois modelos que correspondem a representações diferentes desse projeto: um como meio de dotar crianças e adultos do instrumento de conquista da salvação eterna; outro, como meio de acesso a um modelo urbano de socialização. Ambos têm algo em comum: um projeto político, primeiro da Igreja e, posteriormente, do Estado.

De modo que, se a alfabetização é um fenômeno pedagógico, com a escola podendo atuar como agência de socialização desse processo, ela – a alfabetização – parece ser um projeto político, fundamentalmente um fenômeno social e cultural: uma gigantesca onda de aculturação promovida por sociedades que optam – depois do século XIX – pela modernização social, superando as fronteiras limitadas das sociedades de tradição oral.

Nesse sentido, a ação escolar não é dotada de poder ilimitado, pois age nos estreitos limites do possível (o pedagógico), fato demonstrado pelo seu passado de êxitos e fracassos.

Com a simultaneidade do ensino da leitura e escrita, com base no método analítico-sintético, combinado com a lição de coisas (gravuras), a Pedagogia alcança o maior aperfeiçoamento técnico para o ensino das primeiras letras. Com essa concepção, foi possível encontrar um esquema de trabalho escolar em que o processo de alfabetização pôde ser estendido às crianças do povo.

A escola, tal como foi concebida na época, se revela um excelente instrumento de alfabetização pois era, ao mesmo tempo, eficaz (além de promover uma técnica rudimentar de leitura, permitia a veiculação de novos valores), rápida (um ano era suficiente), segura (permitia o controle diário de aprendizagem) e, evidentemente, econômica. Era tudo o que os republicanos queriam.

Em busca da eficiência

Existe uma convicção generalizada de que os métodos tradicionais alfabetizam. E essa convicção parece estar correta, quando examinamos dados estatísticos de evolução da população alfabetizada no mundo. A parcela de populações que obteve êxito na generalização da alfabetização coincide com o grupo dos países desenvolvidos. Para esses países – alguns com mais de cem anos de tradição escolar –, da democratização escolar derivou o desaparecimento quase total do analfabetismo, não configurando, porém, o aparecimento do leitor.

Se existe uma relação estreita entre analfabetismo e nível de desenvolvimento, também não é menos verdadeiro que parece existir uma relação também estreita entre escolarização e alfabetização. A escola, nesses casos, foi um excelente instrumento de alfabetização; e, no que se refere aos países de escrita alfabética, certamente foram utilizadas os chamados métodos tradicionais de alfabetização (sintéticos e analíticos), confirmando o acerto daquela convicção: os métodos tradicionais alfabetizam.

Porém, essa eficácia é questionada quando examinamos o problema do analfabetismo nos países de economia periférica, ou em vias de desenvolvimento.

Outro fenômeno que salta aos olhos quando se examinam os dados estatísticos sobre alfabetização: o analfabetismo vem sempre acompanhado do subdesenvolvimento e, portanto, da pobreza, da doença, da fome, da marginalização social. E, nestes casos, a escola parece exercer uma seleção cruel pois, além da seletividade externa (não consegue atender ao universo da população), é impiedosa na seletividade interna (índices elevados de repetência e evasão).

Parece um destino inexorável: no caso brasileiro, por exemplo, grande parte das crianças que freqüentam a escola fracassam no seu intento de se alfabetizarem. Denunciada como promotora do fracasso escolar, essa escola também utiliza os tradicionais métodos, colocando em dúvida, portanto, sua eficiência.[51]

Contudo, a incansável sobrevivência das concepções tradicionais de alfabetização atribui-se à permanência das condições adequadas de trabalho para os professores e alunos. Desde que se entenda por alfabetizado o indivíduo que, através do ensino ministrado, adquire o hábito de oralizar a língua escrita, pois este é o comportamento que os métodos de alfabetização se propõem a realizar. Aliás, parece que esse foi, desde sempre, o objetivo que a escola dos rudimentos da capacidade de ler, escrever e contar buscou atingir. A opção pela alfabetização permitiu a divulgação de uma estratégia extremamente rudimentar de leitura; diante de um texto escrito, o alfabetizado adquire um mecanismo que lhe permite "falar" o texto.

A difusão da alfabetização garantiu, então, a expansão de uma certa modalidade de leitura à grande maioria do corpo social, ao mesmo tempo em que permitiu a uma minoria da população ascender à categoria de leitor qualificado, pela adoção da leitura como prática familiar e social, ou mesmo pelo prolongamento da escolaridade.

Para aquelas sociedades que alcançaram êxito na generalização da alfabetização, o sistema parecia funcionar satisfatoriamente: assegurava a alfabetização para todos e selecionava uma minoria que, superando as limitações dos métodos, conseguia atingir o estágio de leitor fluente. Estes usufruíam plenamente das vantagens do saber ler, enquanto aqueles alfabetizados se tornavam socialmente adequados.

Alfabetizado é leitor ?

Uma das questões permanentes em todas as propostas e programas de erradicação do analfabetismo diz respeito aos problemas da regressão por falta de uso da competência desenvolvida durante o processo, ou seja, corre-se o risco de perder a capacidade adquirida voltando a, simplesmente, não saber ler e escrever.

Com a explosão da comunicação escrita na forma impressa ou mesmo em outros suportes materiais e o surgimento de uma sociedade grafocêntrica, a utilização da escrita como habilidade de sobrevivência com base em estratégias alfabéticas tornou-se anacrônica. A escrita, gradativamente, se transformou em um obstáculo (ou meio de acesso) para o homem ter uma participação efetiva no mundo social: se o analfabeto é, na verdade, marginalizado pela pobreza, o alfabetizado passa ao largo da diversidade de situação social (ou mesmo escolar) que exige a utilização eficaz da escrita; o único dispositivo de acesso ao texto escrito que lhe foi ensinado – a transformação do escrito no oral – é ineficaz (e maçante). A escrita, neste caso, não se revela um recurso eficiente para a busca de respostas às questões que o mundo propõe.

Diante dos resultados insatisfatórios atingidos através da utilização das metodologias tradicionais, concebeu-se a noção de alfabetização funcional. Comum à lógica dos projetos de expansão da alfabetização, respondendo à lógica da atividade produtiva, esse conceito apareceu vinculado à produtividade dos trabalhadores.

À medida que a atividade produtiva se realiza com tecnologias tradicionais e rudimentares, os trabalhadores analfabetos não enfrentam maiores problemas de desemprego. Por outro lado, o setor produtivo tem à sua disposição uma mão-de-obra abundante.

É com a introdução de novas tecnologias, exigindo mão-de-obra mais qualificada, que o analfabetismo passa a ser reconhecido como um problema. Daí, por exemplo, o analfabetismo se perpetuar nas áreas rurais que utilizam técnicas produtivas tradicionais, manipuladas por analfabetos.

Prática pedagógica e contexto social

Uma nova proposta pedagógica para promover a aprendizagem de leitura e escrita não nasce do nada, de um dia para o outro. Ela é sempre resultado de uma tentativa de ruptura com o já estabelecido e, ao mesmo tempo, a procura de uma continuidade, de uma ligação com o passado. Portanto, para entendermos as práticas pedagógicas atuais de alfabetização é necessário adotarmos uma perspectiva histórica e examinar a história dos métodos.

Esse percurso permite constatar os avanços realizados e, ao mesmo tempo, explicar as resistências a novos avanços possíveis. Podemos perceber, no interior dos avanços, aquilo que permaneceu inerte e que, até hoje, coloca obstáculos a uma mudança efetiva do modelo de aprendizagem da leitura e escrita.

Estamos em meio a um processo de democratização efetiva das oportunidades educacionais. Hoje, o país se propõe não só oferecer o acesso à escola a todas as crianças em idade escolar, mas também acena para a possibilidade de uma educação prolongada para todos. Este fato implica repensar as práticas de alfabetização tradicional – que promovem uma seleção da clientela escolar já nas primeiras séries do Ensino Fundamental – visando à instauração de novas práticas concebidas a partir de novos referenciais.

Esses novos referenciais estão se tornando viáveis devido ao avanço dos estudos sobre os processos de leitura e escrita. Mais uma vez a escola deve repensar as suas práticas, tendo por referencial as novas descobertas das investigações na área da aprendizagem.

As práticas pedagógicas evoluem em função de circunstâncias e necessidades sociais e econômicas. As mudanças dessa esfera em um país provocam a criação de novas práticas culturais, que vêm responder as questões colocadas pelas novas circunstâncias. Tal fato pode facilmente ser constatado pela crescente utilização das novas tecnologias na educação. Essas ferramentas, servindo inicialmente a outros propósitos migraram de diversas formas para a sala de aula.

No passado, uma das primeiras tentativas de generalização da alfabetização ocorreu na França, no final do século XVIII. Uma das metas da Revolução Francesa na área da educação foi o estabelecimento da escola pública para todos os cidadãos, com uma ênfase no ensino dos usos da língua escrita. Uma nova situação se configurava então no plano econômico, político, social e cultural. A França passava de uma economia agrícola, com base no trabalho da terra, para uma economia urbana, voltada para o comércio de produtos manufaturados. Uma nova classe, a burguesia, desestabilizava o poder da aristocracia e assumia a direção, sustentada pelo novo ideário liberal e democrático.[52]

No plano social, a consolidação da estrutura familiar baseada no triângulo mãe, pai e filhos; ciosa da sua privacidade e fundada no casamento e na educação dos herdeiros enfraquece os laços com o mundo exterior, estabelecendo um estilo doméstico de vida. No centro desse novo mundo um novo ser é concebido de forma idealizada: a criança.[53]

No campo cultural, o ponto de partida estabelecido pela invenção da tipografia consolida-se permitindo a multiplicação dos meios de difusão cultural através do impresso, com o surgimento de um público leitor. No mesmo plano, a ampliação do sistema escolar permite a valorização do domínio da leitura e escrita, firmando-se o mito da escolarização. A escola se interpõe como intermediária entre a criança e a cultura e se propõe como fiadora do sucesso profissional e garantia da mudança social – o mito da escolarização como via de ascensão social vem substituir as ações reinvindicatórias e coletivas.

Se antes das mudanças revolucionárias que ocorrem no mundo ocidental no século XVIII, a leitura e escrita eram privilégios de uma elite aristocrática, a partir de então passa a ser socialmente necessário que os usos da escrita se democratizem: a sociedade necessita de cidadãos, produtivos e alfabetizados. As práticas pedagógicas reformulam-se então, a fim de responder a essas novas necessidades sociais.[54]

Mas as reformulações das práticas se fazem também em função do avanço do conhecimento que permite novas elaborações teóricas. No início do século XX, por exemplo, fazendo uso principalmente dos avanços da investigação em Psicologia Genética, promoveu-se uma ruptura nos modelos tradicionais de aprendizagem da leitura e escrita, instituindo-se as bases do método ideovisual.

Assim, os métodos de alfabetização evoluíram no tempo, de acordo com novas necessidades sociais que a cada nova configuração exigem um novo tipo de pessoa letrada; e, ao mesmo tempo, em função do avanço do conhecimento acumulado na área da leitura e produção escrita e de seus processos de aquisição.

A pedagogia da alfabetização tem portanto, disponíveis, dois caminhos: o método sintético e o analítico. Ambos visam levar a criança à compreensão da existência da correspondência entre os signos da língua escrita e os sons da língua oral. Porém, é preciso fazer uma ressalva: não existirá um terceiro caminho?

O caminho sintético tem seu ponto de partida no estudo dos elementos da língua – letra, fonema, sílaba. E considera o processo da leitura como um esquema somatório: pela soma dos elementos mínimos – o fonema ou a sílaba –, o aprendiz aprende a palavra. Pela somatória das palavras, a frase e o texto. O caminho analítico parte dos elementos de significação da língua – palavra, frase, conto. E por uma operação de análise, a palavra é segmentada em seus elementos mínimos: o fonema ou a sílaba.

As duas abordagens se opõem nitidamente quanto às operações básicas que envolvem: síntese e análise. Mas as duas têm um acordo em comum: para aprender a ler, a criança tem de estabelecer uma correspondência entre som e grafia. Tanto para uma como para outra, esta correspondência é a chave da leitura. Ou seja, a criança aprende a ler oralizando a escrita. É justamente esse postulado que está colocado em questão na atualidade: ler não é decodificar.[55]

As modificações

Patrimônio das antigas sociedades tradicionais e autoritárias, a Pedagogia parece carregar, ainda hoje, o signo da imposição, pois vem sempre associada a sistemas fechados, conceito rígido, modelos prontos e fórmulas acabadas. Naquelas sociedades predominava uma pedagogia de imposição, caracterizada pela ênfase nas questões do ensino, nos problemas da transmissão, nos procedimentos do mestre e pela ausência absoluta das preocupações com a aprendizagem, dos processos de assimilação do aprendiz.

Como reflexo dessa concepção, os problemas da alfabetização se resumiam à busca do método de ensino infalível, a fórmula mágica que, através de passos formais rígidos, permitisse ao mestre transmitir aos alunos os segredos da língua escrita.

Acrescido do fato de que esse modelo pedagógico estava inserido numa sociedade autoritária e fechada, outro fator pode explicar a centralização da questão do ensino e a ausência do aprendiz nas elaborações teóricas: não existia aprendizagem porque não existia esse ator singular do processo ensino-aprendizagem, a criança. O conceito de criança, como domínio do saber, se esboça no século XIX e se firma no início do século XX, com a instituição de um novo campo do conhecimento humano, a Psicologia e, especificamente, com a Psicologia Educacional, o que desencadeia um estudo científico da criança e da formação dos educadores.

Além da mudança de perspectiva proporcionada pelo avanço do conhecimento científico, que permite – e impõe – a reformulação dos princípios que regem a intervenção pedagógica, outros fatores presentes no começo do século provocam a reavaliação dos propósitos da educação: a emergência ou afirmação das sociedades e as transformações da vida social e econômica.

Novas necessidades na economia, proporcionadas pelo avanço da industrialização, ao mesmo tempo em que permitem gradativamente o maior acesso às oportunidades educacionais – revelado pelo aumento do número de escolas –, questionam a escola dos rudimentos do ler, escrever e contar. As funções sociais do uso da escrita se ampliam, estabelecendo novos parâmetros para a formação do leitor, que passa a conviver com situações de leitura cada vez mais complexas e diversificadas.

Esses fatores provocaram a reavaliação dos pressupostos da pedagogia tradicional e a instituição dos princípios do movimento que se convencionou denominar Escola Renovada ou Escola Nova. Esse movimento firma suas bases na questão da aprendizagem, a partir dos estudos realizados sobre o sujeito dessa aprendizagem, a criança. E aqui talvez seja necessária uma distinção entre uma história das idéias sobre a alfabetização e uma história da alfabetização. Contudo, até os anos cinqüenta, o caminho escolhido foi o do conformismo e da estabilidade, ao invés da evolução e ciência.[56]

A realidade social já demonstrava com evidência a desarticulação entre os fins da Pedagogia da alfabetização e a diversidade de situações sociais impostas pelo mundo letrado; cada vez mais o texto escrito se interpunha entre o cidadão e sua atuação social. No interior da escola, a oportunidade de galgar a séries mais avançadas encontrava o mesmo obstáculo para se concretizar: a leitura.

Quase sem perceber, passou-se a viver em um universo grafocêntrico e, nesse meio, a Psicologia Cognitiva veio revelar a inabilidade da Pedagogia no trato das questões do processo de aprendizagem da língua escrita pelo aprendiz: a Psicogênese da língua escrita estabeleceu novos parâmetros para as questões da intervenção da Pedagogia no processo de aprendizagem do sistema alfabético, proporcionando o ensaio sobre uma nova didática para a prática alfabetizadora na escola.[16]

No Brasil, as repercussões desses estudos também já ultrapassaram as reflexões teóricas e avançaram em direção às salas de aula através de experiências pioneiras.

Uma característica marcante dessas novas idéias é que, tal como ocorre na aprendizagem da fala, a leitura também parece ser uma apropriação pessoal decorrente da vivência de situações diversificadas de uso da escrita: é nos encontros funcionais promovidos pelo meio ambiente em que vive que a criança inicia progressivamente a construção da sua maneira de ser leitor, processo que teve início bem antes de sua chegada à escola.

Herdeira de um passado secular, progressivamente a escola desvenda o profundo abismo que existe entre a decifração e a leitura. E, diante do novo saber ler, em que os olhos vão adivinhando, explorando e reorganizando o sentido intuído, busca reinventar sua atuação a partir da reflexão coletiva sobre o ato da leitura e sobre os labirintos da formação do leitor. É um equilíbrio precário, onde a Pedagogia da leitura procura se estabelecer no presente, revolvendo seu acervo de conhecimento acumulado no passado para, com base nas descobertas recentes, vislumbrar um futuro mais promissor.

Do condicionamento à interação

Privilegiando a questão do método, o ensino da leitura e escrita tem como marco referencial histórico as contribuições da Psicologia Associacionista, que concebe o processo de alfabetização como a mecânica de associação entre estímulos visuais e respostas sonoras.

O jogo combinatório grafia-som e som-grafia são, portanto, considerados como o mecanismo de base para o domínio efetivo da leitura e da escrita – o que pressupõe que os aspectos perceptivos componham a estratégia básica envolvida no ato de ler e escrever. A ênfase é então colocada no ensino através do treino da percepção auditivo-visual e das habilidades motoras.

Subjacente a essa concepção, transparece um modelo específico de leitura: ler é sonorizar a escrita e, para tanto, o leitor deve mobilizar um dispositivo desenvolvido no processo de alfabetização que permite a transformação de sinais gráficos em sinais sonoros; de posse dessa estratégia, o alfabetizado consegue identificar cada palavra escrita, mesmo aquelas cujos significados ele não conheça.

Para a abordagem associacionista, ler e escrever são um comportamento complexo, que pode ser subdividido em uma cadeia de comportamentos simples; através do controle das respostas obtidas a partir dos estímulos apresentados, progressivamente, a criança aprende a ler e escrever. Nessa perspectiva, aprendizagem é uma mudança de comportamento observável e mensurável, dependente das conexões E – R (estímulo-resposta) e resultante de um condicionamento progressivo.

A abordagem associacionista é tentadora, na medida em que oferece princípios de ensino baseados numa progressão etapa por etapa, através do controle das respostas obtidas.

Por outro lado, as investigações sobre alfabetização evoluíram do enfoque estritamente mecanicista, baseado nas contribuições da Psicologia Associacionista, para o enfoque cognitivista mais recente, fundado nas contribuições da Psicologia Genética. Enquanto o esquema interpretativo da Psicologia Associacionista identifica métodos de ensino com processos de aprendizagem – orientando suas investigações para a questão da maturidade/prontidão, enfatizando os domínios perceptivos da aprendizagem obtidos através dos testes psicológicos –, o marco psicogenético estabelece uma distinção clara entre método de ensino e processo de aprendizagem. Os estudos cognitivistas centram suas investigações nos processos de aquisição do conhecimento, na construção dos esquemas de assimilação pelo sujeito da aprendizagem.

O fato de fazer distinção entre a aprendizagem e ensino implica que nem sempre um novo estímulo apresentado pela adulta-professora através do ensino é idêntico ao estímulo percebido pela criança-aprendiz, no seu processo de aprendizagem.[57]

O sujeito que conhecemos através da teoria psicogenética é um sujeito que procura ativamente compreender o mundo que o rodeia, e trata de resolver as interrogações que este mundo provoca. Não é um sujeito que espera que alguém que possui um conhecimento o transmita a ele, por um ato de benevolência. É um sujeito que aprende basicamente através de suas próprias ações sobre os objetos do mundo, e que constrói suas próprias categorias de pensamento ao mesmo tempo em que organiza seu mundo.[16]

Assim, toda criança tem um repertório de conhecimentos acumulados e organizados no decorrer de sua experiência de vida. E esse acervo de conhecimentos funciona como um esquema de assimilação, como uma teoria explicativa do mundo. É a sua estrutura cognitiva. Diante de um novo objeto, a criança se mobiliza, estabelecendo uma relação entre o seu acervo de conhecimentos – a estrutura cognitiva – e o novo estímulo a ser aprendido.

Se o seu esquema de assimilação – o repertório de conhecimentos disponível – permite a compreensão do novo objeto de conhecimento, ela aprende, reorganizando o seu acervo (a sua estrutura cognitiva). Se o acervo disponível não permite compreender o novo estímulo, ela aprende "deformando" o objeto.

Que conseqüência traz este fato para o ensino? Com isto, a Pedagogia deve reformular seus pressupostos, pois o método de ensino passa a ter como referencial de base o processo de aprendizagem. O aprendiz é sujeito da aprendizagem, não mais receptor do ensino, pois é da interação entre processos internos (do sujeito) e processos externos (do ensino) que ocorre a aprendizagem (e não pelo acréscimo mecânico de uma nova informação fornecida pelo ensino).

No caso da aprendizagem da leitura e da escrita, a teoria cognitivista permite recolocar o problema do método, pois a aprendizagem é vista não mais como uma aquisição mecânica de capacidades perceptivas, mas como uma atividade cognitiva, centrada na construção de um conhecimento. Enquanto nas teorias associacionistas o sujeito da aprendizagem é um sujeito passivo, que recebe o ensino e aprende, nas abordagens cognitivas é um sujeito ativo que age sobre o conhecimento, apropriando-se do objeto a ser apreendido.

É nesse contexto que emergem investigações centralizadas na questão da leitura e da escrita no mundo contemporâneo. Uma dessas contribuições mais instigantes reúne conceitos de uma Psicogênese da língua escrita.

Partindo do pressuposto de que a teoria psicogenética fornece os parâmetros básicos para a compreensão do processo de apropriação do conhecimento envolvido na aprendizagem da leitura e escrita, e adotando o princípio da importância da gênese das funções psicológicas mais complexas, a escrita passa a ser concebida como objeto de conhecimento da criança e na escola, passa a ser analisada a evolução das concepções infantis sobre a língua escrita.[58] Tornam-se cada vez mais comuns a terminologia oriunda dessa concepção: hipóteses de escrita pré-silábica, silábica, silábica-alfabética e assim por diante.

Investigando as noções que a criança tem sobre a escrita, antes da aprendizagem escolar; buscando compreender a natureza das hipóteses infantis; identificando processos cognitivos subjacentes à aquisição do sistema para analisar os problemas conceituais que a criança deve superar para entender as complexas regras de relação entre um sistema de representação (a escrita) e o objeto representado (a linguagem), a Psicogênese desvela a distância que existe entre as propostas metodológicas de alfabetização tradicionais e as hipóteses que as crianças elaboram sobre o sistema de escrita. E aponta outros referenciais para a alfabetização.

Ao entrar para o Ensino Fundamental as crianças se encontram em níveis de conceituação diversificados em relação à escrita, desde que interagiram com esse objeto cultural existente em seu entorno. O processo de alfabetização, tal como foi concebido, exige certas condições prévias que possibilitam à criança identificar elementos não significantes da escrita, estabelecer correspondência termo a termo, considerar uma ordem prefixada etc.

Tal como tem sido proposta (métodos sintético e analítico-sintético), a alfabetização torna necessário um certo estágio de desenvolvimento das operações intelectuais. As tentativas de alfabetizar, sem que estas condições estejam estruturadas na criança, redundam em fracasso (quer sejam condições perceptivas, quer sejam condições conceituais).

Nesse sentido, o processo de alfabetização escolar tem posto um número significativo de crianças em desvantagem em relação a outras, que já desenvolveram concepções mais elaboradas sobre a escrita.

No horizonte apontado pela Psicogênese, o processo de aprendizagem da leitura e escrita continua ainda vinculado ao aprendizado da língua escrita; a distância entre a concepção clássica e a Psicogênese é estabelecida pela forma como esse objeto – a língua escrita – é concebido (e apreendido).

A concepção tradicional

A concepção de língua escrita que permeia os métodos tradicionais é a de um código de transcrição de sinais sonoros (a fala) em sinais gráficos (a escrita). Desse modo, o processo de alfabetização é a aquisição de uma técnica de codificação oral (para escrever) e da decodificação da escrita (para ler). Como se trata de um saber especializado – escolar –, a ênfase recai no ensino; a aprendizagem é então concebida como a resposta da criança a um determinado estímulo proporcionado pelo ensino, e a criança, concebida como uma espécie de caixa de ressonância passiva, acionada quando estimulada por um agente externo: a criança repete e memoriza.

Como se trata da aquisição de um código, a questão se limita aos domínios da percepção; é preciso distinguir diferenças sutis entre sons e grafias muito semelhantes: a alfabetização se transforma em um processo delicado, com vários riscos de transtornos de aprendizagem (as trocas de letras, as investigações, os agrupamentos irregulares de palavras).

Uma vez que os aspectos perceptivos é que estão em evidência, foi preciso estabelecer uma progressão entre letras e sons tão parecidos, avançando do simples para o complexo, do fácil para o difícil. A progressão evolui do bê-á-bá para, numa somatória de elementos não significativos da língua, formar palavras, frases e textos.

O método se orienta de acordo com certas normas: é progressivo, hierarquizado, cumulativo. Exige, conseqüentemente, a homogeneidade do nível de conhecimento das crianças; como se trata da aquisição de um conhecimento especializado, escolar (e não social) sobre a escrita, o método pressupõe a ignorância das crianças: faz de todas "tábula rasa" diante de um objeto estranho. Para ter acesso a ele, é preciso sofrer uma iniciação.

A essa concepção, a Psicogênese contrapõe outra, deslocando tanto a natureza do conhecimento (a epistemologia) como a concepção do objeto do conhecimento.

A concepção psicogenética

Esta proposição pressupõe a criança como um sujeito cognoscente, um sujeito que constrói ativamente o saber. Segue-se então que, para serem incorporadas à estrutura cognitiva, as informações percebidas no mundo exterior devem ser transformadas pelo esquema de assimilação do sujeito, através de um processo de reestruturação das hipóteses já elaboradas pelo sujeito da aprendizagem. Um estímulo externo não é, portanto, necessariamente percebido como tal pela criança, desde que sua incorporação depende dos conhecimentos previamente estruturados, que compõem seus esquemas de assimilação. Como conseqüência, fica estabelecida a distinção clara entre método de ensino da alfabetização e a aprendizagem da criança.

Por outro lado, a língua escrita deixa de ser percebida como um código, cujos elementos e relações são dados previamente, e passa a ser concebida como um sistema de representação da linguagem, cuja função primordial e original é – no caso das escritas alfabéticas – representar diferenças entre significantes.

Dessa perspectiva a escrita é vista como um objeto conceitual e a questão da aprendizagem se deslocam para a compreensão da natureza dessa representação. A tarefa da criança na alfabetização é, através de um processo de construção, superar hipóteses precárias e, num refinamento de hipóteses já produzidas, chegar a compreender como a linguagem está representada na escrita.

Assim, algumas conseqüências podem ser estabelecidas a partir desses pressupostos no sentido de melhorar a Pedagogia da alfabetização proporcionada pela escola.[12] Dentre elas podemos citar a superação da visão da alfabetização como domínio de uma técnica, nesta concepção, o processo passa a ser visto como uma aprendizagem conceitual que estabelece a distinção entre a intervenção do ensino e o processo de aprendizagem.

Por isso, a possibilidade de assimilação da informação veiculada depende do nível de conceituação da criança, o que valoriza sobretudo a ação sobre materiais escritos e o uso desses materiais no cotidiano. Essa ação, proporcionará à criança a compreensão da estrutura da língua, entendida como um sistema de representação da linguagem, desse modo, enfatizam-se todas as produções infantis – por exemplo, a escrita sobre/das atividades motoras vivenciadas praticamente – e, por fim, a escola se transforma em um ambiente alfabetizador, proporcionado à interação constante da criança com o objeto a ser conhecido pelo meio da conscientização do seu uso social e não somente escolar.

Compreendendo a construção do conhecimento

Para a especificidade desta publicação, assumimos uma determinada concepção de aprendizagem ao entendermos que um resultado (conhecimento ou atuação) é adquirido em função da experiência e essa experiência pode ser do tipo físico ou lógico-matemático ou dos dois.[59] Isto não significa que todo resultado adquirido em função da experiência constitua aprendizagem. Por oposição à percepção e à compreensão imediata, é necessário, pois, reservar o termo aprendizagem a uma aquisição em função da experiência, mas se desenvolvendo no tempo, quer dizer, mediata e não imediata como a percepção ou a compreensão instantânea. As aquisições imediatas em função da experiência, obtidas por indução, não constituem aprendizagens.

Um pressuposto básico do construtivismo é o de um indivíduo que é agente de seu próprio conhecimento, ou seja, o indivíduo que constrói seu conhecimento. Esta construção se dá a partir de hipóteses que o ser humano lança sobre o fato ou fenômeno e se desenvolve pela atividade que ele exerce ao nível do real e ao nível das idéias (simbólico).

O ser humano constitui e amplia conceitos continuamente, mas esta ampliação depende de elementos internos e externos ao indivíduo. Para constituição de um conceito não é suficiente somente à construção de significado, mas também o estabelecimento e a compreensão das relações múltiplas possíveis existentes entre os significados. Ao compreender esta rede de relações, o indivíduo constitui categorias de pensamento que vão permitir, por sua vez, a compreensão de redes de relações mais complexas. Exemplificando, não é só construir o significado da palavra ímã como significante de um objeto ferroso que gruda em outro, mas compreender como e por que isto ocorre, compreender qual a relação entre as cargas, compreender o que é campo magnético, relacionando estes fatos com fenômenos da natureza, como a queda do raio, etc.

A experiência direta com o fenômeno científico não dá conta da abrangência desse processo de construção do conceito. Há um movimento necessário a este processo, que só se realiza com a realimentação, ou seja, a atividade do ser humano depende de experiências, informações e dados que transformem o conhecimento já constituído.

A noção de construção do conhecimento deve ser, portanto, a de um processo: o conhecimento se constitui ao longo de um tempo e de forma organizada. Ele caminha no sentido da complexidade crescente (o indivíduo vai de conceitos com menos elementos para conceitos mais abrangentes, com mais elementos). E, finalmente, extrapola a noção de compreensão da palavra, dos objetos, para o conhecimento da língua, do fenômeno científico, das transformações da natureza, o que supõe uma dinâmica das relações.

A noção de construção de conhecimento dentro da Psicologia tem duas vertentes teóricas principais: a que entende esta ação como individual e a que a entende como social.

Na primeira, ela é genética e a realização é individual. Na segunda, a possibilidade é genética, mas a realização é social. O indivíduo constrói seu conhecimento a partir da interação no meio, considerado como, primordialmente, o mundo dos objetos, o mundo físico (das causalidades físicas) e da compreensão das relações existentes entre eles e o indivíduo.

Na segunda, este conhecimento é constituído pela interação no meio, entendido como o físico, humano e das representações. A história do homem constitui o conhecimento socialmente posto, assim como a própria linguagem e esta linguagem traz em si esta história. A contribuição desta linha, cujos teóricos principais são Wallon e Vygotsky, foi ter considerado o fator cultural como elemento constitutivo do desenvolvimento dos processos mentais. A cultura diz respeito não somente às formas de relação e interação entre as pessoas, como aos objetos que são culturalmente constituídos, definidos e inseridos.

O conhecimento tem, segundo esta vertente, a direção do social para o individual, porque ele está presente no meio e é através das relações sociais que o indivíduo poderá constituí-lo, internalizando-o. Na primeira vertente, representada por Piaget, a direção é do individual para o social.

Tanto na abordagem teórica de Piaget como na de Wallon e Vygotsky constata-se de forma marcante e inegável a evidência de que a atividade de conhecer é de extrema complexidade.

Complexidade da atividade de conhecer

Ao analisar o processo de aprender com mais atenção, a primeira coisa que se observa é a sua complexidade, pois não se trata apenas de entrar em contato com o conhecimento. Trata-se de construí-lo, apropriar-se dele, tarefa esta que impõe um trabalho organizado por parte dos indivíduos envolvidos, tanto o que ensina, como o que aprende.

Aprender é complexo, envolve várias funções psíquicas, depende de vários elementos e se dá ao longo de um tempo que, por sua vez, não é curto. A questão que se coloca aqui é a da permanência no tempo: o processo de aprender se coloca no tempo de acordo com o conteúdo e as possibilidades reais e potenciais do indivíduo para elaborar este conteúdo. Ele não é, portanto, instantâneo nem se configura como um fenômeno. É um processo, e, como tal, é constituído de estágios sucessivos de complexidade crescente do ato mental. Ele ocorre em função de vários fatores conjugados; a ausência de um destes fatores geralmente impede que a aprendizagem ocorra.

A ação do indivíduo no meio físico, isto é, a experimentação direta, manipulação dos objetos (considerada fundamental no construtivismo) é um destes fatores. Por si só, todavia, não garante a elaboração do conhecimento.

Isto acontece porque o conhecimento depende de outras formas de atividade, como a reflexão sobre a ação no meio físico. Poderíamos dizer que esta atividade se dá em nível das idéias e das representações.

O ser humano precisa superar a experiência sensível, internalizando-a através de representações. Ao realizar este "trabalho" com o conhecimento é que se constituirão os processos mentais.

Desta forma, o conhecimento formal requer, pela sua própria natureza, uma forma distinta de atividade para que o indivíduo possa aprendê-lo e disponibilizá-lo.

Na realidade, ensino e aprendizagem não são duas atividades distintas e que podem ser colocadas dicotomicamente, ou em dois pólos. A relação entre elas é dialética, o que nos leva a entendê-las como uma forma única de atividade: a de conhecer, ou construir conhecimento.

Conhecimento cotidiano e conhecimento formal

Na história do ser humano deparamo-nos com duas formas de conhecimento: o conhecimento do cotidiano e o conhecimento formal. Embora elas não devam ser encaradas como dicotômicas entre si, entre uma e outra há uma distância importante e o processo para percorrê-la implica atividades complexas.

Esta colocação já foi feita por Wallon quando dizia que submeter a aquisição de conhecimentos às invenções que a criança pode realizar levaria a criança a uma situação de distância desproporcional entre suas capacidades espontâneas e a imensa herança social que ela deverá levar adiante.[60] Em outras palavras, seria não compreender o percurso cognitivo que ela precisa fazer entre seu conhecimento do cotidiano e o conhecimento formal.

Não se trata, portanto, de dar continuidade à experiência do cotidiano que o aluno traz, mas de transformá-la à luz do próprio conhecimento. Isto implica o confronto entre os conceitos mais fragmentados que a criança constitui no cotidiano e o conhecimento organizado. Mas este confronto não é meramente de conteúdo. Ele é, também, de processos de construção de significado, ou seja, a construção do conhecimento formal é diferente da construção do conhecimento cotidiano no que se refere às categorias de pensamento que os organizam e os elaboram. Em outras palavras, a própria possibilidade de se apropriar do conhecimento formal dependerá da existência de categorias de análise, de processos de pensamento que só são constituídos quando o indivíduo entra em relação com o conhecimento formal.

Não é o caso, evidentemente, de se estabelecerem hierarquias, mas de se reconhecer tão e simplesmente à especificidade dos processos psíquicos envolvidos nestas elaborações.

A vivência direta com o fenômeno científico, desdobrado, então, em processo de observação e explanação do conceito, embora aumente o repertório de informações dos alunos, não leva à construção e/ou ampliação do conceito, uma vez que a organização da informação recebida, tanto em nível perceptivo como informativo, revela-se como uma atividade mais complexa que a experiência sensível e a memorização do enunciado do conceito. Em geral, o conhecimento se mantém fragmentado e sua organização em um conceito depende de trabalho posterior. O aluno poderá apresentar um desempenho mais satisfatório em função de seu nível de informação e das categorias de pensamento que ele já desenvolveu. Estes alunos, no entanto, são mais raros e, mesmo assim, chegam a formular um conceito mais completo no nível da exigência da compreensão do conhecimento apresentado.

Conclui-se que, se não houver trabalho sobre o fenômeno observado, o conhecimento resta fragmentado.

As implicações da noção de construção de conhecimento na ação pedagógica

É importante salientar de início que o construtivismo não é uma proposta pedagógica. É uma teoria da área da Psicologia do Desenvolvimento e da Epistemologia. E, como todo conhecimento, deve ser entendido nos limites de sua própria área. Ele não é um conhecimento absoluto que dê conta totalmente da complexidade da ação de quem ensina e de quem aprende.

Consideramos, todavia, que a noção de construção de conhecimento no ser humano tem algumas implicações na Pedagogia. Inicialmente temos o fato de que a relação professora-aluno é mediada pelo conhecimento, ou seja, é o conhecimento que cria e regula as ações e interações entre os indivíduos envolvidos na atividade de ensino e de aprendizagem.

Assim, à noção comum de ensino-aprendizagem, geralmente entendida como dois pólos de uma situação na qual participam educadora e educandos, precisa ser acrescido o conhecimento, pois é em torno dele que se dá a ação. Na verdade, não há uma ação de ensinar e uma ação de aprender, distanciadas no tempo. A aprendizagem não se reduz à relação educadora-educando, professora-aprendiz. Ela ocorre em várias outras instâncias, mas cabe também à educadora orientar o aluno e dirigi-lo para estas outras possibilidades. Desta forma, o aprender se inicia na situação de ensino, mas não se limita a ela.

Construir o conhecimento não é uma ação dada geneticamente; há procedimentos necessários para construí-lo.

O ato de conhecer é constituído, necessariamente, por um conteúdo e por uma forma de apreensão e apropriação que se efetua através de uma relação complexa entre a educadora e o educando. Ensinar não é só transmitir conteúdos, mas desenvolver as formas possíveis de ação para elaboração deste conteúdo. Ensinar implica trabalhar com o educando para que ele construa ou se aproprie de conhecimento formal. Para tanto, devem ser conhecidas as estratégias que o ser humano utiliza a cada período de desenvolvimento para construir este conhecimento.

O tempo para aprender, geralmente, não é um tempo curto, pois a construção e o desenvolvimento dos conceitos são feitos progressivamente e dependem de sucessivas retomadas de um mesmo conteúdo. Se há um processo, a professora precisa identificar o nível de desenvolvimento dos educandos para intervir neste processo de maneira a nem repetir o que a criança já fez ou já sabe, nem dar saltos muito grandes que impossibilitem a criança de estabelecer ligações e, portanto, aprender.

Apropriar-se do conhecimento é um processo trabalhoso. Porque não é só um conhecimento acabado que se conquista, mas é necessária a construção de categorias mentais, o desenvolvimento dos processos do pensamento (análise, síntese, generalização) que só são realizados a partir da relação com o próprio conteúdo. As categorias de pensamento não surgem, desta forma, do nada. Por exemplo, só se pode construir e desenvolver a noção de tempo histórico através do trabalho (de ensino e de aprendizagem) com o conteúdo da história.

A noção abstrata é um estágio posterior de evolução do que é percebido sensivelmente (pelos cinco sentidos) no real, estágio este em que o ser humano se liberta da experiência direta para refletir sobre ela. Assim, o apoiar-se na atividade espontânea da criança na qual ela expressa "o" conhecimento do cotidiano deve estar presente no processo de conhecimento formal, embora não o constituirá por si.

A didática deve extrapolar seu enfoque habitual da situação de ensinar, para trazer ao educando elementos que lhe permitam olhar e compreender seu próprio percurso de construção de conhecimento. Ou seja, refletir sobre sua própria ação de aprender. Somente desta forma a atividade envolvida na situação de aprendiz poderá chegar ao nível da consciência do aluno. Trazer o conhecimento ao nível da consciência é a tarefa mais complexa da educadora, porque implica conhecer, além do conteúdo de sua matéria, o indivíduo cognoscente: em que nível real e potencial ele se encontra de desenvolvimento, quais as estratégias de que dispõe, como pode utilizá-las, e como ele, sucessivamente, constitui um conhecimento novo.

É somente através desta ação – mais custosa, sem dúvida – de trabalhar com a criança não somente o conteúdo, mas a forma, o procedimento de aprender, que se possibilitará a ela a aquisição de conhecimento efetiva que modifica, ampliando o conhecimento que ela já possui.

Toda ação pedagógica que se restrinja somente ao conteúdo ou somente à forma (técnica) estará fadada ao insucesso e o mesmo ocorrerá se ela se limitar ao trabalho com os elementos que a criança apresenta espontaneamente. O ato de conhecer vai depender de conteúdos e de atividades mais complexas que se proporcionem conjuntamente à criança, com a preocupação de criar e desenvolver nela uma forma de entrar em relação com o próprio conhecimento que enfatize a curiosidade, o questionamento e a reflexão.

A consciência – fator fundamental da aprendizagem

Assim como pesquisadores piagetianos detectaram defasagens sérias em populações adultas a ponto de nelas identificar comportamentos próprios de nível pré-operatório, assim também Freire encontra um quadro nocional que se situa aquém da individualidade e da generalidade verdadeiras (pré-conceito) caracterizando-se por uma marcante centração no ponto de vista próprio, determinado pela percepção e pela conseqüente deformação do real (intuição). Essas defasagens, tanto num caso como no outro, devem-se às condições sociais precárias em que vivem as populações em questão.

O que destacamos dessas afirmações é a importância que adquire o meio educacional no processo de construção de conhecimentos. Podemos, inclusive, defender a idéia de que comunidades populares necessitam de propostas de ensino mais abertas, mais dialogadas, uma vez que o diálogo, a discussão, apresenta-se como fator determinante na aprendizagem.

Essa atrofia do desenvolvimento cognitivo constatado na América Latina e na África, produz uma forma de consciência que Freire, ora denomina consciência semi-intransitiva ora de consciência ingênua, ambas se opõem à noção de consciência crítica.[61]

a) A consciência semi-intransitiva cuja principal característica é a sua quase-aderência à realidade objetiva, sua quase-imersão na realidade. Ela tende a interpretar os problemas ou desafios de forma simplista, pois não possui instrumental (cognitivo) para distanciar-se suficientemente da realidade, para objetivá-la e criticá-la; suas conclusões são, por isso, apressadas, superficiais. Incapaz de transformar o presente, considera que o passado foi melhor: facilmente desenvolve formas de fanatismo, pois sente-se atraída por formas gregárias ou massificadoras de comportamento.

As pessoas portadoras dessa consciência conservam-se à distância das investigações científicas, considerando suas concepções mero jogo de palavras; suas explicações são mágicas, pois os fatos que a consciência dominada consegue captar são apenas os que se acham na órbita reduzida de sua ação, de sua experiência: não dispõe de um instrumental teórico para objetivar a realidade que vive: está imerso nela e não dispõe de meios para emergir. Quando discutem, não procuram a verdade; procuram, antes, impor aos outros sua onisciência através de palavreado vazio, de argumentos frágeis, saturados de emocionalidade e vazios de criticidade. A verdadeira verdade não é a sua, mas a que vem de fora, da realidade objetiva, do dominador; verdade mais elaborada, fora do seu alcance porque estruturada por outra cultura; perante esta verdade a consciência ingênua se cala, se submete, se sente impotente; surge daí a cultura do silêncio. Esta forma de consciência é característica das sociedades latino-americanas fechadas, com uma estrutura social hierárquica e rígida; é nesta forma de consciência que se encontra parte do povo brasileiro. É, por tudo isso, uma consciência inutilizada pelas condições objetivas das quais é incapaz de chegar a uma percepção estrutural e às quais atribui sempre uma pseudo-causalidade.[61]

É fácil constatar essa espécie de consciência nas populações conformadas com os parcos recursos de que dispõem para a própria sobrevivência. Nesses locais, as pessoas por vezes atribuem "as desgraças da vida" a entidades superiores que "quiseram dessa forma". O justificar o fracasso escolar dos filhos pela afirmação de que não nasceram para isso é a internalização mais contumaz desse modo de ver o mundo.

b) A consciência semi-transitiva é aquela que amplia a capacidade de compreensão e de resposta aos desafios do meio; suas preocupações e interesses projetam-se para além do cotidiano, para esferas mais amplas que as da sobrevivência. Sob o aspecto da dominação esta consciência equipara-se à anterior: é capaz, agora, de detectar a origem da ambigüidade de sua existência nas condições sociais objetivas.

O aparecimento da consciência popular supõe, senão a superação da cultura do silêncio, ao menos a presença das massas no processo histórico que vai pressionando a vontade de poder. As artes que anteriormente expressavam apenas a vida da burguesia rica encontram, agora, inspiração na vida difícil do povo. Pequenos grupos de intelectuais, marcados pela alienação da sociedade em seu conjunto, alienação confirmada pela sua formação universitária, passam, aos poucos, a aderir às massas no processo de construção da consciência crítica.[61]

c) A consciência transitivo-crítica caracteriza-se pela busca da verdadeira causalidade dos fenômenos sociais, pela profundidade na interpretação dos problemas vividos. Ao contrário dos anteriores, neste nível, o sujeito é um ser de relações e não apenas de contatos, faz cultura e tem consciência histórica desta sua ação; para além do mero ato reflexo assimila criticamente a realidade; na multiplicidade de relações que o determinam tem consciência da sua singularidade; cria e recria o real na consciência das dimensões espacial, temporal e causal deste e decide sobre a sua ação. Numa palavra, é sujeito, não mais objeto.[61]

Por fim, o fazer educativo, especificamente o da alfabetização, deve possuir ao menos dois atributos básicos: ser o educando um sujeito ativo, atividade esta realizada no diálogo, e que, por isso mesmo, será crítico; e modificar o conteúdo programático, trocando os mitos educativos pela produção cultural do alfabetizando.[62]

O primeiro destes atributos plasma aquela linha básica de ação, constituindo o próprio desenvolvimento da aula. Procuramos uma proposta que fosse um instrumento do educando, e não somente da educadora, e que identificasse o conteúdo da aprendizagem com o processo mesmo de aprender.[63] Os demais atributos de uma ou de outra forma, decorrem deste primeiro, o que nos obriga a descrever o diálogo, enquanto expressão fundamental da proposta, como a realização de sua dimensão ativa.

Tal conjunto de idéias deve parecer estranho sobretudo ao experiente professor de Educação Física, acostumado a encaminhar rapidamente seus alunos para as atividades motoras, encontramos aí, no entanto, o reforçamento da consciência ingênua, onde a própria educadora perde a noção do potencial da sua atividade, reduzindo-a a um mero fazer motor, distanciada dos reais objetivos educacionais.

O diálogo é uma relação horizontal de educando e educadora, de educando e educando.[63] Como tal, exige uma linguagem comum que só é possível se a realidade concreta que mediatiza a relação dialógica dos sujeitos, for a mesma. Realidades diferentes produzem linguagens (pensamentos) diferentes. É que a linguagem da educadora ou da política (...) tanto quanto a linguagem do povo, não existe sem um pensar e ambos, linguagem e pensar, sem uma realidade a que se encontram referidos.[2] Por isso, insistirmos que o jogo ou atividade motora desenvolvida na escola seja permeada de diálogos, que proporcionarão um repensar sobre parâmetros construídos unicamente sobre tradições históricas que perdem seu significado se descontextualizadas.

Não há o menor sentido em exigir o desempenho conforme as regras oficiais de futebol de meninas e meninos de uma segunda série do Ensino Fundamental, por exemplo. Semelhantemente, não há uma razão para que a coreografia executada na escola seja a mesma da televisão e tampouco há motivos para que as brincadeiras tradicionais não sejam modificadas e adequadas pelas crianças.

O diálogo é amoroso, humilde, crítico, esperançoso, confiante, criador, indicando, assim, as condições prévias do verdadeiro diálogo e a direção que ele deverá seguir. A condição básica deste diálogo é que se trata de uma relação de sujeitos. Nesta relação ninguém se considera totalmente sábio ou totalmente ignorante, embora se admita a existência de níveis diferentes de conhecimento, de graus diversos de apreensão da realidade. Humildade, aqui, não deve significar a negação da existência de diferentes graus de elaboração da crítica; significa, antes, que se deve assumir temporariamente a ingenuidade do outro para viabilizar a construção da realidade do sentido do concreto ou da causalidade verdadeira, o que gera a dimensão crítica do diálogo. Um respeito fundamental à visão do mundo do povo, mesmo que ingênua, anima a relação dialógica; este respeito, no entanto, não impede que se problematizem os aspectos ingênuos desta visão de mundo; esta problematização busca a síntese entre a visão crítica de um lado e a visão ingênua do outro lado da relação dialógica.

Sem amor é impossível o diálogo. Por isso não pode haver um diálogo forçado, onde alguém obrigue o outro a falar, posicionar-se. É imprescindível, para restaurar-se, ou inaugurar-se o diálogo, que se acabe com a opressão. Se não amo o mundo, se não amo a vida, se não amo os homens, não me é possível o diálogo.[2]

Entretanto, para que o diálogo realize seu objetivo de libertar os homens da opressão e de permanentemente construir e reconstruir a nova sociedade, deve fundar-se sobre o pensar verdadeiro. Pensar que nega os mitos da opressão para buscar, além do fenômeno, a verdadeira causalidade, a realidade concreta; pensar crítico que, negando o espaço garantido, estático e o tempo presente como uma estratificação das aquisições e experiências do passado, relativize espaço e tempo, temporalizando o espaço ou percebendo a realidade como processo em constante mudança; processo que é fruto da ação de sujeitos em diálogo e cujo produto é a transformação da realidade; enfim, pensar que é capaz de perceber as partes, os fatos particulares em interação com a totalidade que os produz.

Por força do diálogo, ao mesmo tempo, força e fruto do pensamento crítico, a proposta freireana supera os métodos tradicionais. Além disso, a realidade concreta vivida por educadores e educandos, refletida em sua relação dialógica, supera a dicotomia educadora-educando, atribuindo essencialidade ao conteúdo e às técnicas de aprendizagem da leitura e escrita. A conscientização, realizada na alfabetização pelo diálogo, implica num mergulho na realidade concreta e na apropriação da palavra – escrita ou falada (alfabetização) – enquanto expressão desta realidade. O ler, escrever, contar, dançar, jogar, movimentar-se são importantes na medida que permitem essa inserção crítica.[64]

Quem dialoga, o faz com alguém sobre algo. Este algo será o novo conteúdo programático da educação, quer seja um texto ou uma brincadeira. Num debate (de idéias sobre algo), o educando capta, de forma crítica, a necessidade de ler e escrever, e percebe, desde logo, o quanto ele será o agente desta aprendizagem. Tal alfabetização constitui-se, desde o início, para além de um domínio mecânico de técnicas de leitura e escrita ou de uma memorização mecânica das sentenças, das palavras, das sílabas, desvinculadas de um universo existencial, num ato de criação e recriação: É entender o que se lê e escrever o que se entende.[64] Ao contrário de outras propostas, esta alfabetização não é doada, é construída, feita de dentro para fora, pelo educando como sujeito em diálogo com outro sujeito, a educadora.

O estudo e a reflexão desta proposta nos permitem introduzir a escrita, a leitura e a motricidade como objetos de conhecimento, e o educando, enquanto sujeito da aprendizagem, sujeito cognoscente. O método (como caminho pensado para alcançar um determinado objetivo) pode ajudar ou frear, facilitar ou dificultar, porém não criar aprendizagem. A obtenção de conhecimento é um resultado da própria atividade do educando.

É útil recordar que a epistemologia genética é única em postular a ação como origem de todo conhecimento. Um sujeito intelectualmente ativo não é um sujeito que faz muitas coisas, nem um sujeito que tem uma atividade observável. Um sujeito ativo é um sujeito que compara, exclui, ordena, categoriza, reformula, comprova, formula hipóteses, reorganiza etc. em ação interiorizada (pensamento) ou em ação efetiva (segundo seu nível de desenvolvimento). Um sujeito que está realizando algo materialmente, porém segundo as instruções ou o modelo para ser copiado, dado por outro, não é, habitualmente, um sujeito intelectualmente ativo.[16]

Entre uma concepção de ensino e aprendizagem que considera o educando como receptor de um conhecimento recebido de fora para dentro, e a concepção desse mesmo educando como um produtor de conhecimento (pela ação mental, pelo diálogo, pelo levantamento de hipóteses sobre problemas colocados pelo cotidiano), há um grande abismo. Esta é a diferença que separa as concepções condutistas das interacionistas.

Um progresso no conhecimento não será obtido senão através de um conflito cognitivo, isto é, quando a presença de um novo conhecimento – uma palavra, um jogo, um fenômeno físico – não assimilável force o educando a modificar seus esquemas anteriores, ou seja, a realizar um esforço de acomodação que tenda a incorporar o que resultava inicialmente inassimilável (e que constitui, tecnicamente, uma perturbação do conhecimento anterior).

Em termos práticos, não se trata de continuamente introduzir o educando em situações conflitivas dificilmente suportáveis, e sim de tratar de detectar quais são os momentos cruciais nos quais o educando é sensível às perturbações e às suas próprias contradições, para ajudá-lo a avançar no sentido de uma nova reestruturação.

Para terminar esta seção, não nos cabe aqui fazer uma reflexão profunda sobre as teorias psicogenéticas. Cabe-nos apenas destacar, para a propriedade desta obra, a importância da revisão dos processos de ensino à luz das teorias da construção do conhecimento postuladas na atualidade. A nossa proposta de inter-relação leitura, escrita e movimento tem como pressuposto o fato de ser o educando o agente principal (por meio do diálogo, levantamento de hipóteses e ações) da sua aprendizagem. Devendo a professora, por isso, atentar para as interferências desta concepção de sujeito na sua prática pedagógica diária.

Para uma articulação com a psicologia genética

Estudos recentes,[65] mostram a semelhança de pontos de vista da perspectiva freireana e vygotskiana no que diz respeito à importância da abordagem interacionista na alfabetização, como necessária à elaboração das funções psicológicas superiores: classificar, organizar idéias, interpretar linguagens, operar com símbolos, etc.[66]

Logo após a Revolução Russa, em 1917, Vygotsky visitou as zonas rurais e fazendas coletivas, verificando diferenças entre as comunidades que tinham passado por um processo de alfabetização e aquelas que não tinham experiências educacionais. Ficou impressionado com a diversidade de atitude entre os indivíduos ainda intocados pelas transformações em processo e aqueles que, como resultado de experiências em fazendas coletivas e cursos de alfabetização, estavam já se transformando em sujeitos, no sentido de Paulo Freire. As pessoas que não tinham experiências educacionais e sociais relutavam contra o diálogo e a participação em discussões como pessoas críticas. Quando convidadas a fazer perguntas aos visitantes sobre a vida além da vila, respondiam: "não posso imaginar sobre o que perguntar, ...para perguntar você tem de ter conhecimento e nós só sabemos limpar os campos das ervas daninhas".

Os camponeses que tinham participado do processo transformador da revolução, no entanto, tinham muitas perguntas: "como podemos ter uma vida melhor? Por que a vida do operário é melhor do que a vida do camponês?".

Esse tipo de mudança tem sido observado em vários contextos onde o povo começou a transformar sua realidade sociolingüística. Quando o povo se convence de que pode mudar sua própria realidade social e de que não está mais isolado, começa a participar. Inicialmente através do discurso oral, sentindo logo a necessidade de expressar-se por escrito. O discurso oral é tão importante na alfabetização que dele depende o êxito ou o fracasso do processo como um todo.

Os processos internos que caracterizam a produção das palavras escritas evoluem a partir da fala social, sendo portanto ímpar a oportunização de momentos de fala para a eficaz construção de um comportamento intrapsicológico. Daí a compreender a existência de uma relação muito próxima entre a posse de instrumentos cognitivos mais elaborados como capacidade de abstração, utilização de raciocínio lógico, memorização etc. e o letramento tratam-se de uma simples constatação.[67]

Vygotsky reconhece que, em todos os discursos humanos, o indivíduo muda e desenvolve o discurso interno com a idade e a experiência. A linguagem é tão extraordinariamente importante na sofisticação cognitiva crescente das crianças quanto no aumento de sua afetividade social, pois a linguagem é o meio pelo qual a criança e os adultos sistematizam suas percepções.

Através das palavras, os seres humanos formulam generalizações, abstrações e outras formas do pensar. Assim, as palavras contidas na frase "a frágil ponte sobre a qual nossos pensamentos podem viajar" são determinadas social e historicamente e, em conseqüência, formadas, limitadas ou expandidas através da experiência individual e coletiva.

Embora Vygotsky e Freire tenham vivido em tempos e hemisférios diferentes, a abordagem de ambos enfatiza aspectos fundamentais, relativos a mudanças sociais e educacionais que se interpenetram. Com respeito à transformação do discurso interno em discurso escrito, as propostas de ambos podem ser poderosas ferramentas não apenas em programas básicos de alfabetização, mas também na programação de habilidades de escrita mais avançadas.[68]

A obra freireana não como um método mas sim como uma teoria de conhecimento e uma filosofia da educação. Como teoria de conhecimento lançamos mão da estrutura de construção de conceitos, ou melhor, da teoria da operação mental proposta por Piaget.[69] Para se elaborar uma teoria da aprendizagem, de acordo com Piaget, é essencial trabalhar vários termos que expressam componentes do desenvolvimento, sobretudo termos que expressam estruturas construídas ativamente por um mesmo processo cujas raízes se espalham pelo subsolo da estrutura pré-formada do organismo ou, mais especificamente, do sistema nervoso. Trata-se do processo de adaptação cognitiva que se dá por sucessivas equilibrações "majorantes" entre a assimilação e a acomodação – pólos, entre si complementares, da adaptação; levando em conta porém que esta adaptação cognitiva torna-se possível enquanto prolonga o processo de auto-regulação orgânica, por sucessivos degraus, até as operações lógico-matemáticas. A aprendizagem parece depender dos mecanismos de desenvolvimento e tornar-se estável somente à medida que utiliza certos aspectos destes mecanismos próprios, os instrumentos de quantificação que se desenvolveriam no decorrer do desenvolvimento espontâneo.[70]

É a ação que destrói a dicotomia razão x real. Para superar essa dicotomia, entra em cena o processo adaptativo, por meio do qual o indivíduo se liga ao meio. A passagem do biológico ao cognitivo possibilita-se pela aprendizagem que antes da linguagem aparece, primeiramente, no seu sentido amplo de coerência pré-operatória ou equilibração, e, secundariamente, no seu sentido estrito de aquisição mediata em função da experiência, mediante controle não sistemático.

A representação, como condição da tomada de consciência, tem como finalidade precípua explicar a passagem da inteligência sensório-motora ao conceito, ou seja, da ação à operação; aqui, a aprendizagem no sentido estrito assume maior significado devido ao brinquedo simbólico enquanto prolongamento da assimilação e à imitação enquanto prolongamento da acomodação, motivo pelo qual a experiência cresce em importância. O indivíduo representa o seu real, isto é, representa o mundo estruturado por ele através da ação, que é o que atribui significado às coisas: numa palavra, a ação é que dá significado às coisas. Por isso, o tijolo tem significado enquanto objeto da ação do homem que, por intermédio dela, transforma o mundo da natureza em mundo cultural. Reveste-se de importância, neste contexto, além de imitação-acomodação e jogo-assimilação.

Com o desenvolvimento dos conhecidos esquemas de ação, ou seja, a internalização das ações por meio das experiências, o menino e a menina vão atingindo a reversibilidade, inicialmente no plano concreto depois no abstrato, transforma-se, por isso mesmo, em operação que não deixa de ser ainda uma ação, visto que é construtora de novidades, mas é uma ação significante e não mais física, porque os meios que utiliza são de natureza implicativa e não mais causal.[71]

A operação só pode surgir da representação com significado, ou seja, aquela que representa a ação, ou a experiência que se estruturou graças a esta ação. A representação com significado é aquela que deriva da ação. É neste sentido, como já lembramos acima, que o mundo da natureza para Freire passa a ser o mundo da cultura: a ação do homem operou esta transformação. Impõe-se aqui, mais do que a tomada de consciência (Piaget) a conscientização (Freire) para que este mundo da cultura não seja arrebatado das mãos do sujeito cuja ação o produziu.

Aqui, a aprendizagem no sentido estrito assumirá especial importância devido à interferência direta e maciça da escola no processo de desenvolvimento e, por isso mesmo, uma aprendizagem enriquecida por aquisições mediatas por meio da indução; ao mesmo tempo, o processo de equilibração será enriquecido pela inferência, não mais pré-conceptual, mas dedutiva.

Neste quadro que se estende desde a aquisição ativa (construção) do princípio de identidade até a reversibilidade operatória completa não menos ativa, embora implicativa, revestem-se de importância, para explicar a aprendizagem, termos como: compreensão-conceituação-tomada de consciência.

Embora a operação tenha sido objeto especial de estudo da Física e da Matemática, ela não se restringe à ciência. Uma operação abstrata pode ocorrer fora da ciência (um mecânico desmonta e monta um motor que não funciona bem, com uma hipótese para a solução do problema), sem dar-se conta das operações que realizou; a tomada de consciência da operação, porém, é objeto da ciência, especialmente, como lembramos, das ciências físicas e lógico-matemáticas. O mais comum é atingir-se a abstração mediante os conteúdos e não lógico-formalmente como faz a ciência.[61]

O conceito de práxis (ação e reflexão) aproxima-se do conceito de construção e de operação, ao mesmo tempo em que complementa uma teoria da aprendizagem no que concerne a uma educação que atende às características sócio-econômico-culturais brasileiras. Neste contexto, revestem-se de importância termos como conscientização, pedagogia ativa, educadora-educando, processo dialógico e mobilização de esquemas mentais.

Nesta acepção, a aprendizagem como parte do processo mais amplo da educação não pode ser unidirecional no sentido educadora-educando, pois como tal seria domesticadora e não libertadora[72]; deve transitar em ambos os sentidos, dialeticamente, de tal modo que a educadora, além de ensinar, passa a aprender e o educando, além de aprender, passa a ensinar. Surgirá assim não mais uma educadora do educando nem um educando da educadora mas, um educadora-educando com um educando-educadora. Isto significa "que ninguém educa ninguém, que ninguém tampouco se educa sozinho e que os homens se educam entre si, mediatizados pelo mundo."[73]

Se a educação e, portanto, a aprendizagem verdadeira só é possível no plano das influências mútuas dos homens entre si, então a dimensão política faz parte do próprio cerne do processo educativo. Como a educação vigente mais leva ao mutismo do que a fala, e dizer sua palavra – a palavra como ação e reflexão –

palavra como práxis[2] – é uma necessidade de quem busca participar da construção de sua sociedade, impõe-se uma mudança (não reforma) não só da educação mas da própria sociedade; essa mudança da sociedade não será operada pelos dirigentes, nem a da educação pelos educadores. Será operada pelo próprio povo, não só com seu consentimento, mas por meio de suas próprias ações.[72] Este processo de construção e mudança é por si mesmo, educativo. É na ação concreta, histórica que o homem aprende a refletir e é refletindo que melhora sua participação, ao mesmo tempo em que se sente carente dos instrumentos de que precisa, como mais conhecimento e preparo para a vida.

Percebe-se como a educação e a aprendizagem transcendem a escola ao mesmo tempo em que dela não podem prescindir, pois é ela ainda a única instância, para a maioria dos brasileiros, de apropriação dos instrumentos formais de que necessita para operar esta mudança.

Vemos em que ponto as duas teorias se coadunam: o homem só compreende bem aquilo que faz, e só faz bem o que compreende – fazer e compreender (Piaget) equivale a agir e refletir (Freire) desde que dialeticamente entendidos; tomada de consciência (Piaget) e processo de conscientização (Freire) são processos parecidos, talvez quase idênticos[61], sobretudo no que têm de atividade criadora e inventiva, desde que entendidos como função da ação do próprio homem e não de um ensino unidirecional ou de uma repetitiva doutrinação.

Não se pode dizer que a educação, entendida segundo o processo de tomada de consciência em Piaget e segundo o processo de conscientização em Freire, realizará, por si só uma nova sociedade, mais justa, mais igualitária. Pode-se dizer, isto sim, que a educadora que quiser contribuir para esse processo não pode continuar a participar de uma educação reprodutora mediante um método ensino-aprendizagem de caráter repetitivo, como é o ensino tradicional de Educação Física que continua a ser ministrado em nossas escolas.

Se for verdade que há contato em alguns pontos, identidade ou quase, em outros, não nos importa. O que destacamos para a propriedade da presente obra é uma teoria de aprendizagem da alfabetização e da Educação Física que, como pólo teórico, não entrave mas dinamize a prática da professora brasileira no sentido da cidadania verdadeira.

Referências Bibliográficas

1. BEISEGEL, Celso de Rui. *Política e educação popular; a teoria e a prática de Paulo Freire no Brasil.* São Paulo, Ática, 1982.
2. FREIRE, Paulo. *Pedagogia do oprimido.* Rio de Janeiro, Paz e Terra, 1979.
3. FREIRE, João Batista. *De corpo e alma: o discurso da motricidade.* São Paulo, Summus Editorial, 1991.
4. BRASIL, Ministério da Educação e do Desporto. Secretaria de Educação Fundamental. *Referencial curricular nacional para a educação infantil.* Brasília, MEC/SEF, 1998.
5. BRASIL, Ministério da Educação e do Desporto. Secretaria de Educação Fundamental. *Parâmetros Curriculares Nacionais – Educação Física –* Volume 07. Brasília, MEC/SEF, 1997.
6. LE BOULCH, Jean. *Rumo a uma ciência do movimento humano.* Porto Alegre, Artes Médicas, 1988.
7. DAÓLIO, Jocimar. *Da cultura do corpo.* Campinas, Papirus, 1995.
8. NUNES, Nadir Neves. *Pré-escola: tempo de espera, um estudo sobre o processo de ingresso na EMEI.* Dissertação de Mestrado, FEUSP, 1995.
9. WALLON, Henri. *A psicologia da criança.* Rio de Janeiro, Editorial Andes, 1961.
10. FREIRE, João Batista. *Educação de corpo inteiro.* São Paulo, Scipione, 1989.
11. NICOLAU, Marieta Lúcia Machado. *A educação pré-escolar: fundamentos e didática.* São Paulo, Ática, 1986.
12. FERREIRO, Emilia. *Com todas as letras.* São Paulo, Cortez, 1996.
13. PIAGET, Jean. *Seis estudos de psicologia.* Lisboa, Dom Quixote, 1990.
14. LERNER, Délia. É possível ler na escola? *Lectura y Vida.* Ano 17, nº 1, março de 1996.
15. PERRENOUD, Philippe. *Construindo competências desde a escola.* Porto Alegre, Artmed, 1999.
16. FERREIRO, Emilia & TEBEROSKY, Ana. *A psicogênese da língua escrita.* Porto Alegre, Artes Médicas, 1986.

17. MELLO, Alexandre Moraes de. *Educação Física integrada à alfabetização*. Tese de doutoramento apresentada à Faculdade de Educação da Universidade de São Paulo. FEUSP, 1998.

18. MATTOS, Mauro Gomes de & NEIRA, Marcos Garcia. *Educação Física Infantil: construindo o movimento na escola*. Guarulhos, Phorte Editora, 2000.

19. MELLO, Alexandre Moraes de. *Psicomotricidade, Educação Física e jogos infantis*. São Paulo, Ibrasa, 1989.

20. PIAGET, Jean. *O julgamento moral na criança*. São Paulo, Summus, 1994.

21. LE BOULCH, Jean. *Educação psicomotora*. Porto Alegre, Artes Médicas, 1986.

22. NICOLAU, Marieta Lúcia Machado. *A integração de atividades no processo de alfabetização, sem cartilha, em duas escolas de 1º Grau*. Tese de doutoramento. São Paulo, FEUSP, 1987.

23. NICOLAU, Marieta Lúcia Machado. Prontidão para alfabetização: treino de simples habilidades? in: *Textos Básicos de Educação Pré-escolar*. São Paulo, Ática, 1990.

24. NICOLAU, Marieta Lúcia Machado. *Um estudo das potencialidades e habilidade no nível da pré-escolaridade e sua possível interferência na concepção que a criança constrói sobre a escrita*. Tese de Livre Docência. FEUSP. 1993.

25. LE BOULCH, Jean. *A educação pelo movimento – a psicocinética na idade escolar*. Porto Alegre, Artes Médicas, 1983.

26. CUNHA, Maria de Fátima. *Desenvolvimento Psicomotor e cognitivo: influências na alfabetização de crianças de baixa renda*. Tese de Doutoramento. São Paulo, IPUSP, 1990.

27. MARTÍNEZ, Pedro. & NUÑEZ, José. *Psicomotricidad y educación preescolar*. Madrid, Nuestra Cultura, 1982.

28. MORA, Joaquín & PALACIOS, Jesús. Desenvolvimento físico e psicomotor ao longo dos anos pré-escolares. In: COLL, César, PALACIOS, Jesus & MARCHESI, Alavro. *Desenvolvimento Psicológico e educação: psicologia evolutiva*. Porto Alegre, Artes Médicas, 1995.

29. TANI, Go, MANOEL, Edison & PROENÇA, José Elias. *Educação Física escolar: fundamentos de uma abordagem desenvolvimentista*. São Paulo, EPU/USP, 1988.

30. LLEIXÀ, Teresa Arribas. *La Educación Física en el preescolar y ciclo inicial – 4 a 8 años*. Barcelona, Editorial Paidotribo, 1988.

31. AGUIAR, João Serapião de. *Jogos para o ensino de conceitos: leitura e escrita na pré-escola*. Campinas, Papirus, 2001.

32. RATNER, Carl. *A psicologia sócio-histórica de Vygotsky: aplicações contemporâneas*. Porto Alegre, Artes Médicas, 1995.

33. PIAGET, Jean. *A noção de tempo na criança*. Rio de Janeiro, Record, 1946.

34. VAYER, Pierre. *El dialogo corporal*. Barcelona, Libreria Libre, 1991.

35. NICOLAU, Marieta Lúcia Machado. Escolarização e socialização na educação infantil. In: *Acta Scientiarum*. 22 (1): 119-125, 2000.
36. GALLAHUE, David & OZMUN, John. *Compreendendo o desenvolvimento motor: bebês, crianças, adolescentes e adultos*. Guarulhos, Phorte Editora, 2001.
37. ZABALA, Antoni. (org.) *Como trabalhar os conteúdos procedimentais em aula*. Porto Alegre, Artes Médicas, 1999.
38. COLL, Cesar; PALACIOS, Jesús & MARCHESI, Alvaro. *Desenvolviemento psicológico e educação*. Porto Alegre, Artes Médicas, 1995.
39. MARINHO, Inezil Penna. *História da educação física no Brasil*. São Paulo, Cia. do Brasil, s.d.
40. MEDINA, João Paulo Subirá. *A educação física cuida do corpo e ... "mente"*. Campinas, Papirus, 1983.
41. LIBÂNEO, José Carlos. *Democratização da escola pública – a pedagogia crítico-social dos conteúdos*. São Paulo, Loyola, 1985.
42. GADOTTI, Moacir. *Diálogo e conflito*. São Paulo, Cortez, 1985.
43. HILDEBRANDT, Reiner & LAGING, Ralf. *Concepções abertas no ensino de educação física*. Rio de Janeiro, Ao Livro Técnico, 1986.
44. GRUPO DE ESTUDOS E TRABALHO PEDAGÓGICO DA UFPe – UFSM. *Visão didática da Educação Física*. Rio de Janeiro, Ao Livro Técnico, 1991.
45. MATTOS, Mauro Gomes de. *Vida no trabalho e sofrimento mental do professor de Educação Física da escola municipal: implicações no seu desempenho e na sua vida pessoal*. Tese de doutoramento. Faculdade de Educação da USP, 1994.
46. MAGILL, Richard. *Aprendizagem motora: conceitos e aplicações*. São Paulo, Edgard Blücher, 1998.
47. MATTOS, Mauro Gomes de & NEIRA, Marcos Garcia. *Educação Física na adolescência: construindo o conhecimento na escola*. Guarulhos, Phorte Editora, 2000.
48. PIAGET, Jean. *Psicologia e pedagogia*. Rio de Janeiro, Forense, 1976.
49. LAHIRE, Bernard. *Sucesso escolar nos meios populares*. São Paulo, Ática, 1997.
50. BRASIL. Secretaria de Educação Fundamental. *Parâmetros Curriculares Nacionais: Educação Física*. Brasília, MEC / SEF, 1998.
51. SOARES, Magda Becker. As muitas facetas da alfabetização. In: *Cadernos de Pesquisa*. São Paulo, Fundação Carlos Chagas, (52), fev. 1985.
52. BUFFA, Ester. O nascimento da escola pública na França: uma lição de método. *Revista da ANDE*. São Paulo, Cortez, (5): 13-18, 1982.
53. ARIÈS, Philipe. *História social da criança e da família*. Rio de Janeiro, Zahar, 1981.
54. McLUHAN, Marshall. *A galáxia de Gutenberg – a formação do homem tipográfico*. São Paulo, Editora Nacional, 1977.

55. KRAMER, Sônia. Diferentes significados de alfabetização. In: *Revista da ANDE*. São Paulo, Cortez, 5 (10): 35-40, 1986.
56. FILHO, Lourenço. *Introdução ao estudo da Escola Nova*. São Paulo, Melhoramentos, 1967.
57. CARRAHER, Terezinha (org.). *Aprender pensando*. Secretaria da Educação e Cultura de Pernambuco – Recife, 1983.
58. PIMENTA, Selma Garrido & LIBÂNEO, José Carlos (orgs.). *Alfabetização e leitura*. São Paulo, Cortez, 1994.
59. PIAGET, Jean & GRÉCO, Pierre. *Aprendizagem e conhecimento*. Rio de Janeiro, Freitas Bastos, 1974.
60. LIMA, Elvira Cristina de Azevedo Souza. A noção de construção de conhecimento e a didática. In: *Idéias*. São Paulo, FDE, Diretoria Técnica, 1991, 109-114.
61. BECKER, Fernando. *Da ação à operação: o caminho da aprendizagem em J. Piaget e P. Freire*. Porto Alegre, Palmarinca – Educação & Realidade, 1993.
62. FREIRE, Paulo. *Educação e mudança*. Rio de Janeiro, Paz e Terra, 1979.
63. FREIRE, Paulo. *Conscientização: teoria e prática da libertação; uma introdução ao pensamento de Paulo Freire*. São Paulo, Cortez & Moraes, 1979.
64. JANUZZI, Gilberta S. de Martino. *Confronto pedagógico: Paulo Freire e Mobral*. São Paulo, Cortez & Moraes, 1979.
65. JOHN-STEINER, Vera. *A interactionist approach to advancing literacy*. Harvard University, 1991.
66. VYGOTSKY, Lev Semanovich. *A formação social da mente*. São Paulo: Martins Fontes, 1989.
67. VYGOTSKY, Lev Semanovich & LURIA, A R. *Estudos sobre a história do comportamento: o macaco, o primitivo e a criança*. Porto Alegre, Artes Médicas, 1996.
68. GADOTTI, Moacir (org.). *Paulo Freire: uma biobliografia*. São Paulo, Cortez; Instituto Paulo Freire; Brasília, DF, Unesco, 1996.
69. GADOTTI, Moacir. *Convite à leitura de Paulo Freire*. São Paulo, Scipione, 1991.
70. PIAGET, Jean. A teoria de Piaget. In: CARMICHAEL, Leonard. *Manual de psicologia da criança: desenvolvimento cognitivo 1*. São Paulo, EPU/EDUSP, 1977.
71. PIAGET, Jean. *Fazer e compreender*. São Paulo, Melhoramentos / EDUSP, 1978.
72. FREIRE, Paulo. *Educação como prática de liberdade*. Rio de Janeiro, Paz e Terra, 1976.
73. FREIRE, Paulo. *Uma educação para a liberdade*. Porto, Dinalivro, 1974.

Sobre os autores

Mauro Gomes de Mattos

Doutor em Educação e Mestre em Educação Física pela Universidade de São Paulo. Professor de Educação Física pela Universidade Federal do Rio Grande do Sul. Docente nas disciplinas Metodologia do Ensino de Educação Física e Educação Física Infantil na Faculdade de Educação da Universidade de São Paulo.

Marcos Garcia Neira

Graduou-se em Educação Física e Pedagogia. É Mestre e Doutor em Educação pela Universidade de São Paulo. No período de 1986 a 2001 atuou como professor em escolas públicas e privadas da cidade de São Paulo, quando ingressou como docente na Faculdade de Educação da Universidade de São Paulo, instituição onde atua nos cursos de graduação e pós-graduação. Sua área de ensino e pesquisa é a prática pedagógica na Educação Básica

Juntos têm buscado dias melhores para a Educação Física escolar por meio da ação-reflexão-ação na tentativa de elaborar novas propostas para esse componente curricular. Fazendo uso das modernas teorias da Educação, comprometem seus esforços na direção de uma escola mais humana e coerente para professores e alunos.

APÊNDICE

Atividades

Eixo Temático - Orientação Temporal

Atividade 1

Conceituais
Classificar

Procedimentais
Saltar no mesmo pé

Atitudinais
Respeito às normas e regras, e sociabilidade

BRINCANDO COM FIGURAS GEOMÉTRICAS

Pedir às crianças que desenhem figuras geométricas no chão, especialmente as que foram trabalhadas em sala. Dispor os alunos em círculo, voltados para as figuras. A um sinal do professor, todos deverão dirigir-se para dentro das figuras livremente, e, após um novo sinal, voltar ao círculo.

Em um segundo momento, pode ser estipulado um determinado tipo de deslocamento: saltando em um pé só, deslocamento lateral, de costas.

Atividade 2

Conceituais
Transferir e conhecer

Procedimentais
Andar e correr

Atitudinais
Cooperação e espírito de equipe

TROCA DE FILEIRAS EM ÁREA DETERMINADA

As crianças estarão dispostas em duas fileiras frente à frente numa área limitada, distanciadas de cinco a dez metros uma da outra. Ao sinal, trocarão de lugar, correndo ou caminhando, procurando não se chocar.

Atividade 3

Conceituais
Discriminação visual e auditiva

Procedimentais
Andar e correr

Atitudinais
Autoconfiança, autocontrole e esforço para superar-se

ESPELHO RITMADO

Individualmente, dois alunos frente a frente, um deles será o guia e executará um determinado movimento, golpeando com os pés e as mãos uma estrutura rítmica, no chão ou no próprio corpo. O seu colega deverá repetir essa estrutura e acrescentar mais um movimento de mesmo pulso. Em seguida, o guia repetirá a própria e a criada pelo colega, acrescentando mais uma, e assim por diante.

Em grupos, frente a frente, um primeiro grupo movimentar-se-á livremente avançando em direção ao outro, palmeando no corpo uma estrutura estímulo. O segundo grupo captará essa estrutura e responderá caminhando na direção do outro que recuará com livre movimentação de ataque e defesa.

Atividade 4

Conceituais
Identificar e comparar

Procedimentais
Arremessar e receber

Atitudinais
Conhecimento e respeito a si e aos outros

PASSA BOLA

Os alunos em fileiras, uma de frente para outra, arremessam a bola para qualquer aluno que desejar ou pela seqüência, cantando a música:

"Passa a bola, não deixe parar, quem ficar com a bola, seu nome dirá".

Trabalha-se também: estrutura rítmica, percepção auditiva e visual e agilidade.

BOLA SINUOSA

Os alunos deverão dispor-se em dois ou mais círculos, que comporão as equipes, distanciados e sentados. Dois jogadores determinados para iniciar o jogo ficarão em posse da bola, uma para cada grupo. Ao sinal, o primeiro arremessará a bola ao companheiro que estiver do lado determinado pelo comando do professor, direita ou esquerda. Vencerá a equipe que concluir o número de voltas.

PEGADOR COM BOLAS

O grupo deverá estar, sentados ou em pé, disposto em círculo (um ou mais), e o professor distribuirá duas bolas para cada grupo. Ao comando do professor, os alunos passarão rapidamente as bolas na direção indicada, direita ou esquerda.

O objetivo do jogo é o encontro das bolas. Mais bolas poderão ser acrescentadas à atividade para estimular a participação, e o aluno que estiver em posse de mais de uma bola "chocará".

Atividade 5

Conceituais
Atenção e concentração

Procedimentais
Arremessar e receber

Atitudinais
Disciplina e organização

BATATA QUENTE
Os alunos, dispostos em roda, afastados uns dos outros e escutando uma música, deverão arremessar a bola para algum colega, sem deixá-la cair e sem atirar no colega. Quando a música parar, o aluno que tiver posse da bola sairá da brincadeira, indo "chocar".

FUTEBOL DE SABÃO
Material: dois baldes com água, um pedaço de sabão e um apito.
Divide-se o grupo em duas equipes. Quando o juiz apitar, começa-se o jogo, e cada equipe deve marcar seu gol. O sabão deverá ser jogado de mão em mão, até chegar ao gol. Uma única criança não pode correr todo o campo e chegar ao gol. Marcado o gol, o juiz apita e começa de novo, sendo que a cada rodada uma equipe começa a jogar o sabão.

Atividade 6

Conceituais
Discriminação visual e auditiva

Procedimentais
Saltar e saltitar

Atitudinais
Autoconfiança, autocontrole e esforço para superar-se

AMARELINHA
O professor desenhará a amarelinha com as crianças e combinará as regras, que podem ser modificadas conforme a etapa do desenvolvimento motor, social e cognitivo do grupo.

Atividade 7

Conceituais
Identificar e comparar

Procedimentais
Flexionar os braços e girar o tronco

Atitudinais
Conhecimento e respeito a si e aos outros

CHAPÉU DE PALHA

Formar um círculo onde todos os alunos de mãos dadas giram em torno de uma criança no centro, que estará com um chapéu na cabeça. Todos cantando: *"Fui na Bahia buscar meu chapéu, azul e branco da cor do céu. Não é meu, não é de ninguém. Mas é da morena, que eu quero bem"*. A criança do centro tirará o chapéu e colocará na cabeça de um dos colegas. Respeitando a regra de menino colocar o chapéu em menina e vice-versa.

ATIVIDADE RITMADA

O professor conduzirá a atividade demonstrando os movimentos que acompanham a seguinte música:

Eu danço pop pop.
Eu danço pop pop.
Assim é bem melhor.
Põe a mãozinha para frente,
põe a mãozinha para o lado,
põe a mãozinha para frente e
balança o requebrado.
Eu danço pop pop.
Eu danço pop pop.
Assim é bem melhor.
Põe o pezinho para frente,
põe o pezinho para o lado,
põe o pezinho para frente e
balança o requebrado.
E assim por diante...

Atividade 8

Conceituais
Classificar

Procedimentais
Rebater

Atitudinais
Participação e responsabilidade

JOGO DE TACO

Material – dois bastões, uma bola pequena e duas latas.

Formam-se várias duplas, sendo que duas duplas participam de cada vez. Marca-se o campo de jogo conforme o esquema abaixo, e é sorteada a disputa do taco.

A dupla que conquistar o taco deverá evitar que a equipe adversária derrube a sua "casinha". Normalmente utiliza-se uma lata vazia.

Marcam-se pontos a cada vez que um rebatedor atinge a bolinha e a dupla adversária tem que sair em sua busca, e o total de pontos a ser atingido pode ser combinado.

Há muitas regras para o jogo de taco que podem se modificar segundo a localidade. Sugerimos ao professor que converse com as crianças e estabeleça as regras para o seu grupo.

Atividade 9

Conceituais
Transferir e conhecer

Procedimentais
Estar de pé e estar sentado

Atitudinais
Autoconfiança, autocontrole e esforço para superar-se

DANÇA DA CADEIRA

Dispõem-se cadeiras, colchonetes, tapetes ou até mesmo folhas de jornal no espaço a ser utilizado, não necessariamente formando um círculo. Enquanto a música tocar, as crianças movimentam-se em volta dos objetos. Assim que a música cessar terão que se sentar em um deles. O professor deverá estipular uma forma de manter todos em atividade durante a maior quantidade de tempo. Portanto, não é aconselhável que as crianças que não encontrarem um local para sentar sejam excluídas. Desta maneira, sugere-se que sentem em duplas, depois em trios, e assim por diante.

Atividade 10

Conceituais
Discriminação auditiva, atenção

Procedimentais
Arremessar, correr

Atitudinais
Respeito às normas e regras

ABCD

Combina-se inicialmente um tipo de objeto: planta, animal ou qualquer palavra.

Forma-se um círculo. Os participantes jogam uma bola, um para o outro, em qualquer seqüência. No momento de jogar a bola, o arremessador diz uma letra, seguindo a ordem do alfabeto. Quem deixar cair a bola deverá dizer uma palavra (conforme o combinado) iniciada com a letra que for dita. Não é permitido repetir o que já foi falado, nem o próprio nome. Pode ser dado um tempo para pensar, enquanto se conta até dez em voz alta. Se a criança não conseguir dizer a palavra, será convidada a contar uma piada, história ou poesia no centro da roda.

Atividade 11

Conceituais
Atenção, concentração

Procedimentais
Correr

Atitudinais
Respeito às normas e regras, respeito ao outro

BARRA MANTEIGA

A turma é dividida em duas equipes. Os times organizam-se em duas fileiras distantes dez metros uma da outra, de forma que cada grupo fique de frente para o outro. A primeira criança vai até o grupo adversário, cujos integrantes estão com as palmas das mãos voltadas para cima, prontas para serem batidas. Ela começa por um dos extremos, aleatoriamente, e vai caminhando lateralmente, cantando a música e aplicando um tapa em cada mão estendida. Obedece-se ao ritmo que segue (cada nota corresponde a uma sílaba forte, na qual a criança bate na palma da mão que está estendida à sua frente).

Barra manteiga,
Tirada da lata
da casa da nega
vendida por um tostão.

Quando pronunciar a sílaba "tão", a criança volta correndo para o seu território. A criança que foi tocada no "tão" deve correr atrás da primeira para pegá-la. Se conseguir, a criança alcançada deve permanecer no time da que foi tocada. Conseguindo ou não alcançá-la, a atividade deve recomeçar.

Destaca-se a importância de todos memorizarem a música; para isso, a professora poderá ditá-la às crianças para que a escrevam no caderno de atividades.

Atividade 12

Conceituais
Discriminação visual, identificação, memorização

Procedimentais
Correr

Atitudinais
Cooperação

CAMPEONATO DAS PALAVRAS

Cada aluno confeccionará, em sala de aula, um crachá com uma das sílabas de seu nome – a professora deverá ajudá-los afim de facilitar a escolha, evitando sílabas como WIL, de Wilson, por exemplo. Quando os alunos estiverem em posse dos crachás, uma folha de papel e um lápis, a professora deverá alternar estímulos sonoros (palmas e música) e interrupções, solicitando à turma que monte pequenos grupos de quatro, cinco ou seis pessoas. Os grupos deverão ser desafiados a escrever palavras utilizando as sílabas dos seus componentes e a registrá-las numa folha de papel. Os alunos testarão suas hipóteses por meio das várias ligações possíveis. Após um determinado tempo, a professora fornecerá novamente o estímulo sonoro, e as crianças correrão pelo pátio.

Atividade 13

Conceituais
Discriminação visual, memorização, classificação

Procedimentais
Correr

Atitudinais
Respeito ao outro, cooperação, competição

CADEIA ALIMENTAR

Os alunos deverão formar quatro grupos, cujos componentes receberão um crachá (cada um terá o seu) contendo o nome de um animal ou de um vegetal, de acordo com a cadeia alimentar preestabelecida na sala de aula: vegetais são alimento para herbívoros, que são alimento para carnívoros de pequeno porte, que são alimento para carnívoros de grande porte.

A professora deverá explicar à turma a seqüência da alimentação – um carnívoro de pequeno porte só se alimenta de herbívoros, e assim por diante.

Distribuídos os crachás, os alunos-vegetais terão um tempo para fugir, pois serão imediatamente perseguidos pelos alunos-herbívoros, e estes pelos alunos carnívoros de pequeno porte, que são alimento para os alunos-carnívoros de grande porte. Quando dois alunos se encontrarem, deverão mostrar seu crachá ao colega.

Perderá o crachá aquele que for "alimento" do outro; caso contrário, ele poderá continuar fugindo.

Terminado o tempo, os alunos deverão trocar de "papel" na cadeia alimentar.

Em outra proposta de atividade, os alunos podem ser convidados a representar graficamente (inicialmente, com desenhos) algo que seja importante e que tenha acontecido durante a realização das atividades propostas.

Atividade 14

Conceituais
Ordenação

Procedimentais
Estar em pé, estar sentado

Atitudinais
Organização

CONSTRUIR A FRASE
A professora comporá uma frase longa e significativa para o grupo de crianças.
A turma dividida em grupos receberá separadamente as palavras (em pedaços de papel ou verbalmente) e tentará reorganizá-las recompondo a frase original. Muitas tentativas poderão ser feitas.

Atividade 15

Procedimentais
Estar em pé, estar sentado

Conceituais
Memorização

Atitudinais
Trabalho em grupo

RESGATE ECOLÓGICO
A professora poderá utilizar um texto ou contar uma história que aborde o desmatamento, o efeito estufa e a conseqüente diminuição das espécies animais.
Com a turma distribuída em equipes e cada equipe com uma folha de papel, as crianças deverão tentar salvar a maior quantidade de espécies cujo nome comece com determinada letra fornecida pela professora. Por exemplo, terminada a história de sensibilização, ela dirá: "Vamos salvar os animais que se iniciam com a letra C". Todas as equipes terão um tempo para escrever todos os nomes de que se recordam que começam com essa letra.

Atividade 16

Conceituais
Memorização, discriminação auditiva

Procedimentais
Saltar, saltitar

Atitudinais
Autoconfiança, esforço para superar-se

PULAR CORDA

Há uma considerável quantidade de músicas que dão ritmo às atividades com corda. A professora poderá ensiná-las aos alunos. Para grupos iniciantes na alfabetização, recomendamos a música "Casamento":

Com quem / Você / Pretende se casar / Loiro, moreno, careca, cabeludo / Rei, ladrão, soldado ou capitão / Qual é a letra do seu coração / A, B, C, D, ...

Comumente, os alunos se motivam a tentar chegar ao final do abecedário. A professora poderá estimular o grupo a repetir a música várias vezes enquanto os colegas pulam. Algumas atividades de reescrita ou até de pseudoleitura podem ser propostas fazendo uso dessa música.

Atividade 17

Conceituais
Identificação

Procedimentais
Andar, correr

Atitudinais
Organização e cooperação

RODA CANTADA

A professora escolherá uma roda cantada e preparará uma folha com a letra ou a escreverá no quadro. Convidará os alunos a descobrir o que está escrito ali. Em grupos, ou individualmente, farão exercícios de identificação e leitura. Quando a maioria tiver reconhecido a letra, a professora proporá que todos cantem a música até que a decorem.

A professora colocará a roda cantada em prática algumas vezes. Poderá passar, como tarefa para casa, uma pequena pesquisa com os parentes dos alunos, a fim de descobrir se eles conhecem outras rodas cantadas. Assim, no dia seguinte, os alunos poderão ensinar aos colegas outras formas de brincar com a mesma atividade.

Atividade 18

Conceituais
Discriminação visual, discriminação auditiva

Procedimentais
Saltar, saltitar

Atitudinais
Autoconfiança, esforço para superar-se

PULAR CORDA

Utilizando uma corda ou mais a serem "batidas" por duas pessoas, os alunos formarão uma fila e procurarão executar os movimentos da música abaixo:

"Um homem bateu em minha porta e eu
A-bri
Senhoras e senhores põem a mão no chão (o aluno tenta pôr a mão no chão)
Senhoras e senhores pulem num pé só (o aluno dá alguns saltos num pé só)
Senhoras e senhores dêem uma rodadinha (o aluno faz um giro)
E vão, pro olho da rua" (o aluno sai da corda dando lugar a outro)

Em sala de aula, a professora poderá trabalhar com a letra da música, reescrevendo-a ou propondo sua releitura.

Atividade 19

Conceituais
Discriminação auditiva

Procedimentais
Andar, correr

Atitudinais
Esforço para superar-se

OS BICHOS

Os alunos, distribuídos em duas equipes, permanecerão sentados no chão, de costas uns para os outros. Cada grupo receberá um nome: mamíferos, répteis, ovíparos, aves etc. A professora dirá o nome de um animal qualquer; o grupo ao qual ele pertence deverá levantar-se e correr até um limite determinado (tocar uma parede, ultrapassar uma linha no chão): enquanto isso, a equipe oposta tentará tocá-los. Quem for pego, mudará de equipe.

Atividade 20

Conceituais
Discriminação auditiva, memorização

Procedimentais
Andar, estar sentado

Atitudinais
Participação

ATIREI O PAU NO GATO

A turma, em roda, deverá inicialmente cantar a conhecida cantiga "Atirei o pau no gato". O passo seguinte será iniciar o giro e sentar-se no chão no grito final da canção. A professora poderá substituir o gato por outros animais como a vaca, o cachorro, o sapo.

Sugerimos a escrita da canção com a substituição dos animais e com o nome das vozes dos animais: a vaca muge, o cachorro late e o sapo coacha.

Atividade 21

Conceituais
Classificar

Procedimentais
Chutar

Atitudinais
Respeito às normas e regras, sociabilidade

BASE QUATRO COM CHUTE

A turma será dividida em duas equipes. Serão dispostos quatro cones (bases) pelo espaço, formando um quadrado de aproximadamente oito metros de lado. Através de sorteio, uma equipe começará chutando e a outra, defendendo. Os componentes da equipe que chuta deverão lançar a bola o mais longe possível e sair correndo ao redor das quatro bases. Cada passagem por uma base creditará um ponto à equipe.

Enquanto isso, a equipe que defende deverá pegar as bolas com as mãos e queimar o corredor. Isso o fará parar, e a contagem de pontos será interrompida. Após todos os componentes da primeira equipe chutarem a bola, as equipes trocarão de posição.

Atividade 22

Conceituais
Transferir e conhecer

Procedimentais
Estar em pé, estar sentado

Atitudinais
Autoconfiança, autocontrole e esforço para superar-se

SENTAQUI

Todos alunos devem ficar sentados, dois em pé. Um deles será o pegador e o outro, o fugitivo. Na fuga, este terá a possibilidade de salvar-se pulando sobre algum colega sentado, que deverá dar continuidade à fuga enquanto o primeiro fugitivo senta-se em seu lugar. A professora poderá propor variações – quem for saltado passará a ser o pegador. Meninos só poderão saltar meninas e vice-versa.

Atividade 23

Conceituais
Identificar e comparar

Procedimentais
Saltar e saltitar

Atitudinais
Disciplina e organização

PULAR CORDA

A professora poderá organizar a turma de diversas formas e, caso seja possível, trabalhar com mais de uma corda, solicitando várias músicas de pular corda e desafiando os alunos a verificar qual é a mais difícil, qual é a mais fácil, qual é a mais rápida etc.

Formar trios, com dois batendo a corda e um pulando. A música e as variações podem ser escolhidas pelos alunos. Cada trio deverá se apresentar para a classe e, na segunda apresentação, a classe poderá participar da brincadeira.

Atividade 24

Conceituais
Discriminação visual e auditiva

Procedimentais
Andar e correr

Atitudinais
Cooperação

O HOMEM DA COLA

Os alunos devem se sentar em círculo na quadra. Depois, devem prestar atenção às explicações da professora com relação às atividades. O professor deve ensinar aos alunos a seguinte música:

"Eu sou o homem da cola (ritmo da música do comercial da cerveja Kaiser)
*Eu sou o homem da cola
Eu sou o homem da cola
Agora eu vou colar..."*

Todas as vezes que a letra da música mencionar uma parte do corpo, os alunos deverão uni-la com a mesma parte dos corpos dos colegas. Em um dado momento, a professora deve reduzir o espaço onde está sendo desenvolvida a atividade e colocar obstáculos no caminho. Em outro, deve acelerar o ritmo da música, fazendo com que as crianças corram.

Atividade 25

Conceituais
Transferir e conhecer

Procedimentais
Estar em pé e estar sentado

Atitudinais
Autoconfiança, autocontrole e esforço para superar-se

A CHUVA

Alunos em círculo, de mãos dadas, rodando, ouvindo e repetindo a história
do orador. Estarão dispostos ao lado deles vários "guarda-chuvas" (arcos), que deverão ser utilizados por apenas um aluno. No decorrer da história, o orador falará a palavra mágica "chover", quando todos deverão correr e ocupar seu lugar no "guarda-chuva".

Quem ficar sem lugar no guarda-chuva continuará contando a história.

VARIAÇÃO: TIRAR ALGUNS ARCOS E COLOCAR MAIOR NÚMERO DE ALUNOS DENTRO DOS QUE FICARAM.

Atividade 26

Conceituais
Discriminação visual e auditiva

Procedimentais
Correr, andar

Atitudinais
Autoconfiança, autocontrole e esforço para superar-se

COELHO SAI DA TOCA

Os alunos deverão se agrupar em trios e ficar espalhados pelo espaço delimitado. Dois deles serão a toca e o outro será o coelho. Quando for dado o sinal, os coelhos deverão trocar de toca saltitando (para frente, para trás, de lado, com o pé esquerdo, com o pé direito, com os pés juntos).

VARIAÇÕES: A TOCA TROCA DE COELHO. O COELHO VIRA TOCA E VICE-VERSA.

Atividade 27

Conceituais
Atenção

Procedimentais
Correr, andar

Atitudinais
Organização

QUEIMADA COM DUAS BOLAS

O jogo começa com um queimador, em posse de duas bolas, e os demais são fugitivos. O queimador perseguirá os fugitivos tentando atingi-los com uma ou duas bolas. Sempre que ele estiver com uma bola nas mãos ele é o queimador, podendo recuperar aquela que foi jogada. Contudo, se ele utilizar as duas bolas, o primeiro fugitivo que tocá-lo antes que ele recupere ao menos uma passará a ser o queimador, reiniciando o jogo.

Quem for queimado, sentará no chão podendo recuperar a vida se tocar em uma bola que for jogada pelo queimador.

Atividade 28

Conceituais
Atenção, discriminação auditiva

Procedimentais
Andar, estar em pé

Atitudinais
Respeito às normas e regras

ESTÁTUA

O jogo terá início com todos os alunos dispostos em uma fileira, distantes de um companheiro que permanecerá de costas para o grupo. Este contará bem rapidamente até dez, virando-se e gritando "Estátua". Enquanto ele conta, os colegas poderão se aproximar. Após ouvir o comando de "Estátua", todos deverão ficar imóveis, quem se mexer será apontado pelo companheiro que estava contando e retornará ao local de saída. Quem conseguir tocar o contador primeiro passará a fazer a contagem e gritar "Estátua".

Atividade 29

Conceituais
Atenção, ordenação, discriminação auditiva

Procedimentais
Estar sentado, bater

Atitudinais
Organização

VICE-VICE-PRES-PRES

A turma será disposta em um grande círculo e permanecerá sentada no chão com as pernas em posição de índio. Cada criança receberá um cargo: Presidente, Vice-presidente, funcionário número um, dois, três e assim por diante. Todos batem as mãos duas vezes nas coxas e duas palmas de forma ritmada. A atividade começa com o Vice-presidente dizendo: "Vice-vice; pres-pres", indicando ser a vez do presidente dizer, por exemplo: "Pres-pres; cinco-cinco"; é a vez do número cinco dizer: "Cinco-cinco; doze-doze", e assim por diante. Quando o aluno diz o próprio número, bate duas vezes com as mãos nas coxas, quando diz o número que será chamado, bate duas palmas.

Atividade 30

Conceituais
Memorização

Procedimentais
Estar em pé, estar sentado

Atitudinais
Participação

PEGADOR AMEBA

A atividade começa com um pegador tentando tocar as demais crianças.

Quem for pego deverá ficar sentado no chão, podendo deslocar-se sempre mantendo quatro contatos com o solo – para tocar os pés do pegador. Se isso ocorrer, essa criança recuperará a vida, podendo fugir novamente. Quem for pego duas vezes assumirá a função de pegador.

Atividade 31

Conceituais
Ordenação

Procedimentais
Andar, correr

Atitudinais
Respeito às normas e regras

CORRIDA DE BASTÕES

A turma será dividida em duas equipes, dispostas frente a frente; os membros de cada uma delas receberão um número, o nome de uma fruta ou de um animal.

Dispostos na frente da equipe, ficarão três bastões ou cabos de vassoura. Ao chamado da professora, uma criança de cada equipe correrá até os bastões e, em forma de carrinho de mão – um bastão em cada mão –, conduzirá rolando o terceiro bastão, que estará no chão até um determinado ponto, deixando lá o material trazido por outro componente do grupo a ser chamado.

Eixo Temático - Estruturação Espacial

Atividade 32

Conceituais
Discriminação visual

Procedimentais
Rebater

Atitudinais
Autoconfiança, autocontrole e esforço para superar-se

GUERRA DAS BOLAS

Será limitado um espaço redondo ou quadrado, pode ser o círculo central da quadra. As crianças, distribuídas em duas equipes, assumirão seus lugares do lado de fora da marcação, dividindo o espaço entre si. Se for um quadrado, cada equipe ficará do lado de fora de dois lados. O professor colocará uma bola no meio do espaço e fornecerá a munição para as crianças: bolas menores. Ao sinal, elas tentarão atingir a bola central, empurrando-a com o choque em direção à equipe adversária, que poderá rebater a bola com a mão espalmada em direção contrária. Será marcado um ponto cada vez que a bola ultrapassar a linha limite de cada uma das equipes.

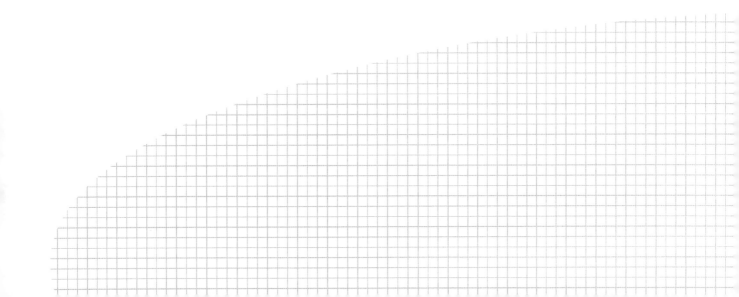

Atividade 33

Conceituais
Identificar e comparar

Procedimentais
Chutar

Atitudinais
Conhecimento e respeito a si e aos outros

FUGINDO DA BOLA
A classe deverá ser disposta em círculo com uma ou duas crianças ao centro. As crianças de fora tentarão chutar a bola na direção dos companheiros que estão no centro. Caso sejam "queimados", deverão trocar de lugar com o chutador que o acertou.

ACERTE A META
Várias equipes enfileiradas atrás de uma linha de saída têm à sua frente a meta, representada pelo espaço entre dois banquinhos ou duas cadeiras. Risca-se uma linha intermediária entre a linha de saída e a meta. Os primeiros jogadores de cada equipe recebem uma bola.

O jogo consiste em colocar-se até a linha intermediária, controlando a bola com os pés, com pequenos chutes, e daí chutá-la, procurando acertar a meta fazer um gol. Ao realizarem o trabalho, acertando ou não a meta, os jogadores entregarão a bola ao segundo jogador de sua respectiva coluna, que repetirá a tarefa ao sinal do professor.

Atividade 34

Conceituais
Classificar

Procedimentais
Girar os braços e flexionar o tronco

Atitudinais
Respeito às normas e regras

DESFOLHAR O LIVRO
Poderão formar-se duas ou mais colunas organizando os alunos por ordem de tamanho, de ano de nascimento, de sexo, de mês do aniversário etc. Ao primeiro de cada coluna será dada uma bola que, ao sinal, será passada ao colega de trás girando os braços para um dos lados e o colega que a recebeu deverá passar a bola por baixo das pernas. Quando a bola atingir o último da coluna, esse deverá correr com a bola até o início da coluna e recomeçar a brincadeira. O jogo terminará quando a coluna recuperar a ordem inicial.

Atividade 35

Conceituais
Transferir e conhecer

Procedimentais
Rolar

Atitudinais
Cooperação e espírito de equipe

AULA HISTORIADA

O professor distribuirá alguns objetos pelo espaço que será utilizado para atividade. Por exemplo: esticar cordas, colocar mesas e cadeiras, colchonetes etc.

A atividade será vivenciar todas as situações apresentadas no decorrer de uma história, que poderá ser lida ou inventada pelo professor – onde as crianças rolarão, mergulharão, subirão, descerão etc.

Atividade 36

Conceituais
Atenção e concentração

Procedimentais
Galopar

Atitudinais
Disciplina e organização

O SINALEIRO

As crianças deverão distribuir-se em quatro grupos e ocupar quatro cantos diferentes da quadra ou do pátio. O professor colocar-se-á ao centro e, de braços estendidos, indicará as direções que os grupos deverão percorrer para trocar de lugar galopando.

O LABIRINTO

Os alunos serão organizados em quatro ou seis fileiras, com as mãos dadas, escolhendo-se um fugitivo e um pegador.

Ao sinal, o pegador parte ao encalço do fugitivo, ambos correndo em forma de galope pelos corredores formados pelas fileiras.

O professor irá comandar a movimentação das fileiras. Ao apito do professor, as crianças largam as mãos e viram ¼ de volta à direita, dando as mãos novamente.

Tanto o fugitivo quanto o pegador correrão pelas portas, não sendo permitido passar entre os braços das crianças da fileira. Quando o pegador conseguir pegar o fugitivo, esses serão trocados por duas crianças das fileiras.

Atividade 37

Conceituais
Discriminação visual e auditiva

Procedimentais
Parada de mãos

Atitudinais
Autoconfiança, autocontrole e esforço para superar-se

CARRINHO DE MÃO
Dispor os alunos dispersos num espaço delimitado. Dado um sinal, apito ou música, cada criança deverá achar um par e se arrumar de forma que uma segure as coxas da outra, que caminhará com as mãos apoiadas no chão. A outro sinal, as crianças devem se dispersar novamente, para que a brincadeira se reinicie com a formação de novos pares.

CARRINHO
As crianças deverão, espontaneamente, formar duplas nas quais uma criança será o carrinho e a outra o carregador. O professor delimitará o espaço a ser percorrido pelo "carrinho". As duplas devem se posicionar atrás da linha de partida e, ao som do apito do professor, sair em direção à linha de chegada. A criança deverá visualizar o alvo, e a dupla que chegar primeiro será vencedora.

Atividade 38

Conceituais
Identificar e comparar

Procedimentais
Equilíbrio, girar os braços e flexionar o tronco

Atitudinais
Conhecimento e respeito a si e aos outros

MEREQUETÊ
As crianças em círculo, ao ritmo da música cantada, girarão os braços e flexionarão as pernas e o tronco, identificarão e tocarão as partes do corpo, imitando o professor.

"Merequetê,
Merequetê,
Merequetengue, tengue, tengue.
Merequetengue, tengue, tengue."

A cada repetição, o professor tocará uma parte do corpo diferente dos colegas e conduzirá a atividade enquanto as crianças estiverem motivadas.

Atividade 39

Conceituais
Classificar

Procedimentais
Condução de bola com o pé

Atitudinais
Respeito às normas e regras, e sociabilidade

JOGO DOS NÚMEROS

Os alunos estarão dispostos em duas fileiras, frente a frente. Cada aluno receberá a denominação de um número. Uma bola ficará ao centro e um aluno será escolhido para iniciar o jogo. O início do jogo se dá quando o aluno escolhido chutar a bola e gritar um número no máximo igual ao total de alunos da classe. O dono do número deverá correr atrás da bola, colocá-la ao centro e dar seqüência ao jogo.

Atividade 40

Conceituais
Transferir e conhecer

Procedimentais
Equilíbrio em um só pé

Atitudinais
Cooperação e espírito de equipe

FAUNA E FLORA

As crianças sentarão formando um círculo, e cada uma delas pensará no nome de um animal para si. Uma criança, escolhida aletoriamente, irá falar o nome de dois animais para que as respectivas crianças troquem de lugar, pulando em um pé só, sem deixá-la tomar os seus lugares.

FEIRA
Música:
"Fui à feira comprar café
Veio a formiguinha e mordeu o meu pé
Daí eu sacudi, sacudi, sacudi
Mas a formiguinha não parava de subir...
...Fui à feira comprar mamão
Veio a formiguinha e mordeu a minha mão
...Fui à feira comprar repolho
Veio a formiguinha e mordeu bem o meu olho
...Fui à feira comprar alface
Veio a formiguinha e mordeu a minha face
...Fui à feira comprar laranja
Veio a formiguinha e mordeu a minha franja
...Fui à feira comprar melão
Veio a formiguinha e mordeu o meu dedão
...Fui à feira comprar caqui
Veio a formiguinha e mordeu bem aqui

Com base nesta música, o professor e as crianças irão movimentar a parte do corpo que é indicada pelos versos da música.

Atividade 41

Conceituais
Atenção e concentração

Procedimentais
Drible

Atitudinais
Disciplina e organização

JOGO DO REI
Participantes – quantidade da sala.
Material – uma coroa de cartolina.
Forma-se uma fileira de alunos num espaço delimitado pelo professor para que passem correndo de um lado da quadra para o outro sem serem pegos pelo Rei, que ficará no centro da quadra e terá que tocar em uma criança. A criança pega sentar-se-á imediatamente e não poderá mais levantar-se, mas poderá ajudar o Rei a pegar outras crianças.
Observação: somente o Rei poderá movimentar-se pela quadra toda.
Final – o jogo termina quando todos forem pegos.

PEGA-PEGA AMERICANO
Escolhe-se entre as crianças um pegador, que terá que correr atrás das outras crianças, a fim de tocá-las. Quando o pegador tocar em uma criança, automaticamente essa deverá ficar parada com as pernas afastadas, esperando que outra criança passe por baixo de suas pernas para salvá-la. Se uma criança for pega no momento em que tentar salvar a outra, deverá permanecer na frente da mesma e esperar que uma outra criança consiga driblar o pegador e as salve.

Atividade 42

Conceituais
Memorização

Procedimentais
Galopar

Atitudinais
Participação e responsabilidade

O GATO E O RATO
As crianças sentam-se formando uma roda, e o professor escolhe três delas para fazer o papel de gato, rato e porta. O gato ficará do lado de fora da roda e procurará a porta, que estará de costas para a roda. Quando encontrar a porta, deverá bater e perguntar:
"O seu rato está?"
"Não!", respondem as crianças.
"Que horas volta?, pergunta o gato.
A porta estabelece um horário.
O gato "galopará" em torno da roda e as crianças que são o relógio contarão as voltas que o gato der correspondentemente às horas que se passarão. Quando o gato chegar no horário estabelecido, entrará para apanhar o rato, e as crianças da roda tentarão protegê-lo, não deixando que o gato entre na roda.

Atividade 43

Conceituais
Discriminação visual e auditiva

Procedimentais
Voleio

Atitudinais
Autoconfiança, autocontrole e esforço para superar-se

VOLEIO EM PEQUENOS GRUPOS

A classe será dividida em pequenos grupos e cada um receberá uma bola leve. Cada indivíduo receberá um número dentro do seu grupo. A criança que inicia o jogo deve lançar a bola para cima o mais alto possível e gritar um número. A criança que tem esse número deve correr e apanhar a bola antes que toque o chão, dando prosseguimento ao jogo chamando outro número. Poderão ser criadas dificuldades do tipo: antes de sair em busca da bola, deverão ser executados três saltitos, ou todos deverão estar deitados etc.

Atividade 44

Conceituais
Identificar e comparar

Procedimentais
Caminhar por uma superfície de pequena amplitude

Atitudinais
Conhecimento e respeito a si e aos outros

BAMBA BANCO

As crianças serão organizadas em duplas. Cada dupla subirá no banco sueco, ficando uma criança em cada extremidade, e terão que caminhar sobre o mesmo, cruzar com a sua dupla no meio do percurso sem esbarrá-la e tomar muito cuidado para não cair.

Atividade 45

Conceituais
Classificar

Procedimentais
Andar e correr

Atitudinais
Respeito às normas e regras, e sociabilidade

TROCA DE CASAIS

Os participantes formam duplas, organizando-se em um círculo no qual uma criança ou uma dupla deverá permanecer no centro. As crianças que estiverem no centro oferecem palavras chaves às demais que se encontram no círculo, para determinar o momento da troca de parceiros. As palavras chaves serão indicadas por características físicas, trajes e acessórios. Por exemplo: "Vou trocar de parceiro com quem tiver... como eu". As crianças com essas características, esses trajes ou acessórios deverão buscar outros parceiros, enquanto os demais permanecem parados.

Atividade 46

Transferir e conhecer
Procedimentais
Condução de bola com o pé
Atitudinais
Cooperação e espírito de equipe

BOLA QUENTE NO PÉ
　　Dois círculos vizinhos, jogadores voltados ao centro, em pé e distanciados, com um jogador de cada círculo em posse de uma bola. Ao sinal, esses saem conduzindo a bola com o pé, dão a volta no círculo e, chegando aos seus lugares, chutam a bola para o vizinho e tomam a posição de cócoras. Quem recebe a bola procede da mesma maneira que o primeiro, e assim por diante, vencendo o círculo em que todos estiverem agachados.

Atividade 47

Conceituais
Atenção e concentração
Procedimentais
Caminhar em uma superfície de pequena amplitude
Atitudinais
Disciplina e organização

A CENTOPÉIA
　　Alunos em coluna, de cócoras, com as mãos na cintura do colega da frente. O primeiro da coluna é o chefe e fica de frente para os demais na mesma posição, segurando a mão do segundo. Ao sinal, a coluna desloca-se para frente em saltos sucessivos, dados por todos ao mesmo tempo, ao comando do chefe, como se fossem uma centopéia. Ordenam-se os seguintes exercícios: à direita volver! À esquerda volver! Dois passos à frente! Dois passos para trás!

A PONTE
　　As crianças serão organizadas em duas colunas, cada uma delas se posicionará frente à extremidade de duas cordas, paralelas e estendidas no solo, a uma distância de aproximadamente 30 cm uma da outra. O professor dará as coordenadas para que elas percorram o percurso da "ponte", saltando com os dois pés, com um pé só, com o outro, alternando-os.

Atividade 48

Conceituais
Discriminação visual e auditiva

Procedimentais
Chutar

Atitudinais
Autoconfiança, autocontrole e esforço para superar-se

CABRA-CEGA BOL

Escolher uma criança, vendar seus olhos e levá-la até o centro da quadra onde está a bola. Então, ela deverá ser orientada pelo seu grupo a seguir para frente, esquerda, direita, um chutinho para frente etc., até se aproximar do gol. Contar até três, tirar a venda e chutar imediatamente.

Atividade 49

Conceituais
Identificar e comparar

Procedimentais
Voleio

Atitudinais
Conhecimento e respeito a si e aos outros

PARA ACABAR COM O ABORRECIMENTO

As crianças fazem o movimento conforme o refrão da música:
Refrão: *Para acabar com o aborrecimento*
Vamos, basta fazer um simples movimento
Versos: *Com a mão; com a outra; com o pé; com o outro; prá frente; prá trás; pulando; rodando com a cabeça.*
Deve-se intercalar o refrão entre os versos.

Atividade 50

Conceituais
Classificar

Procedimentais
Andar e correr

Atitudinais
Respeito às normas e regras, e sociabilidade

BINGO DE NÚMEROS

As crianças permanecem correndo ou andando livremente pelo espaço delimitado pelo professor. Esse irá ordenar às crianças que formem grupos com um determinado número de crianças e que, ao formarem os grupos, permaneçam juntos da forma ordenada: parados, pulando, dançando, deitados etc.

Atividade 51

Conceituais
Memorização

Procedimentais
Caminhar por uma superfície de pequena amplitude

Atitudinais
Participação e responsabilidade

A PONTE DO RIO KWUAI

Para realização dessa atividade será necessária a utilização de bancos compridos de madeira, preferencialmente os conhecidos como "suecos".

O banco poderá ser utilizado da forma tradicional, em pé ou invertido. No caso do banco sueco, ao ser invertido ele deixará um estreito sarrafo para cima que será utilizado durante o jogo.

A classe será distribuída em equipes, duas para cada banco. Cada equipe formará uma coluna nas extremidades do banco e, ao sinal do professor, um componente de cada equipe deverá caminhar até o centro do banco e tentar derrubar o colega. Vencerá aquele que fizer com que seu adversário toque o solo com um dos pés.

Atividade 52

Conceituais
Identificar, memorização

Procedimentais
Correr

Atitudinais
Organização

ALFÂNDEGA

As crianças formam uma roda, preferencialmente sentadas.

Uma delas é o mestre e deve escolher, sem revelar aos outros, o "código de passagem" pela Alfândega – palavras que se iniciem com uma determinada letra. Pode ser, por exemplo, a primeira letra do nome do aluno: vamos supor que ele se chama Ricardo. Assim, Maria deve dizer: "Eu vou para a Europa e vou levar uma roupa (palavra que começa com "r", de Ricardo)." O mestre dirá "Pode levar". Se, caso contrário, Maria quiser levar algum objeto cujo nome comece com outra letra, o mestre lhe dirá "Não pode levar". Todos deverão dizer o que levarão, acompanhando a seqüência da roda, até descobrirem o código. Outros códigos possíveis são a segunda letra do nome, a primeira letra do nome do colega da direita ou da esquerda, a roupa que alguém está usando, coisas que vêem na rua, em casa, na sala de aula etc.

Atividade 53

Conceituais
Classificar, ordenar

Procedimentais
Correr, saltar, rolar

Atitudinais
Organização, respeito às normas e regras

OFFICE-BOY

Na sala de aula, a professora conversa com as crianças e pergunta se alguém conhece a rotina de trabalho dos *office-boys*. Todos preparam, com a ajuda da professora, uma folha com espaços para assinaturas: banco, empresa, correio, agência de viagens etc. Os alunos deverão percorrer a escola colhendo essas assinaturas nos locais adequados: por exemplo, uma determinada funcionária da escola poderá exercer a função de "banco"; ao localizá-la, a criança pedirá a ela sua assinatura e esta pessoa poderá lhe propor uma tarefa como condição: dar três pulinhos, cantar uma música (somente depois de cumprida a tarefa, assinará ou não o papel, conforme sua função). As crianças que não acertarem na primeira tentativa deverão procurar outra pessoa e depois retornar com outra função. A atividade termina quando acabarem as assinaturas de todas as crianças.

Atividade 54

Conceituais
Ordenação

Procedimentais
Andar, correr

Atitudinais
Cooperação

CAÇA AO TESOURO

Previamente, a professora deverá preparar dois conjuntos de pistas contendo pequenos desafios e escondê-los em determinados locais da escola. A turma será dividida em duas equipes e cada equipe receberá sua primeira pista. Há várias formas de organizar as pistas: diretas, escrevendo o nome do local onde está escondida a próxima pista, por exemplo, na escada; através de pequenos desafios, como subir até o andar superior do prédio; e até mesmo através de desenhos.

Intercalando as pistas, o professor poderá solicitar atividades: quando encontrarem a pista da escada, lá estará escrito, por exemplo: "Ir até a professora e cantar uma música.".

Os grupos devem ser estimulados a caminhar juntos, e todos os alunos devem ser estimulados a solucionar as charadas.

Atividade 55

Conceituais
Memorização

Procedimentais
Equilíbrio num pé só

Atitudinais
Autoconfiança

CAMPO MINADO

O objetivo do jogo é chegar até o outro lado da quadra, do pátio ou do espaço entre duas linhas paralelas distantes cinco ou seis metros uma da outra.

A professora poderá desenhar pequenas marcas no chão em forma de pedras ou utilizar folhas de jornal de 30 cm x 30 cm. Algumas dessas "pedras" são minas que "explodirão" se forem pisadas. Para tanto, a professora elaborará e guardará consigo um mapa indicando os pontos perigosos. Os alunos deverão fazer a travessia tendo cuidado para não pisar nas "minas", cada aluno que for atingido pode voltar e recomeçar a trajetória na sua vez. O jogo pode ser feito individualmente ou em equipes.

Atividade 56

Conceituais
Memorização

Procedimentais
Correr, arremessar, saltar

Atitudinais
Cooperação

O JOGADOR SECRETO

Esta é uma adaptação que pode ser feita em muitas atividades. Por exemplo, na queimada. Antes de começar o jogo, os alunos devem escrever uma relação de jogadores secretos e entregar para a professora. Nessa relação deverá constar a seqüência combinada pelos alunos de arremessadores. Por exemplo, o João, o José, a Maria, a Carolina etc. Quando o jogo começar a professora, em posse dessa relação observará se a turma está acompanhando a seqüência, pontuando a equipe oponente, caso alguém faça uma jogada na vez do companheiro.

Numa outra situação, a equipe poderá entregar por escrito o nome de dois jogadores secretos que compõem a "vida" da equipe. Se eles forem queimados, o jogo terminará. Enquanto isso, a equipe adversária sem conhecer os jogadores secretos, procurará observar quem está se expondo e quem está sendo protegido.

Atividade 57

Conceituais
Classificação

Procedimentais
Correr, quadrupedia, saltar

Atitudinais
Respeito ao outro, respeito às regras, esforço para superar-se

CACHORRO, GALINHA E PINTINHOS

A professora disporá os alunos (fazendo o papel de pintinhos) em uma extremidade da quadra ou atrás de uma linha marcada no chão, em oposição à outra paralela, a 20 metros de distância. Um aluno permanecerá no meio, fazendo o papel de cachorro. A professora poderá começar para dar o exemplo (fazendo o papel de galinha) e dizer em voz alta: "Pintinho quer cebola?". "Não!", respondem os pintinhos. "Pintinho quer batata?", "Não!", e assim prosseguir, até dizer "Pintinho quer milho?", "Sim!". Os pintinhos deverão correm até a outra extremidade da quadra ou até ultrapassar a linha oposta. Aqueles que forem pegos ajudarão o cachorro no papel de pegar os pintinhos na próxima vez.

Após a brincadeira, ainda na quadra ou pátio, os alunos devem ser estimulados a fazer um desenho da atividade, escrevendo seu título e o próprio nome, da forma como souberem fazê-lo.

Atividade 58

Conceituais
Memorização, discriminação visual

Procedimentais
Manipulação de objetos

Atitudinais
Cooperação

ESCREVENDO COM JORNAIS

Distribuir os alunos em grupos e entregar-lhes jornais. A professora deverá estimular os alunos a tentar formar as letras de seus nomes no chão, utilizando o material. Cada grupo será convidado a verificar as letras que os outros grupos escreveram e a fazer relações com os nomes dos componentes dos grupos.

Posteriormente, a professora estimulará os alunos a construir outras letras, usando, porém, o próprio corpo para representá-las.

Atividade 59

Conceituais
Ordenação,

Procedimentais
Saltar, saltitar, equilíbrio num só pé, discriminação visual

Atitudinais
Autoconfiança, esforço para superar-se

AMARELINHA DIFERENTE

Muito provavelmente, os alunos do ensino fundamental conhecem a **Amarelinha**, que em alguns lugares foi batizada por **maré**. Com a sala dividida em pequenos grupos, a professora estimulará a invenção de algum tipo diferente de amarelinha rabiscada no chão, batizando o jogo e escrevendo ao lado do desenho o nome dado.

Os alunos descobrirão nos seus próprios jogos formas diferentes de saltar, com seqüências também diferenciadas. A professora estimulará cada grupo a apresentar a sua invenção, verbalizando os novos procedimentos e maneiras de jogar.

A professora poderá estimular seus alunos a anotar no caderno as idéias de que mais gostaram para que possam brincar com esses novos jogos em uma outra ocasião.

Atividade 60

Conceituais
Identificar, conhecer, transferir

Procedimentais
Equilíbrio e locomoção

Atitudinais
Organização e cooperação

BICHO GIGANTE

A professora deverá dividir as turmas em pequenos grupos. Depois, os estimulará a desenhar bichos numa folha grande de papel pardo. Só vale um só bicho por grupo. Posteriormente, as crianças escreverão, no verso da folha, todas as características que consigam lembrar sobre o animal escolhido. Serão questionadas pelos colegas através de perguntas cuja resposta é **sim** ou **não**. "Ele come capim?", "Ele mora no mar?", "Ele bota ovo?" etc. Para finalizar, cada grupo deverá montar uma só representação do bicho desenhado com o próprio corpo (cada grupo montará a sua). A professora estimulará, dessa forma, a organização dos grupos.

Atividade 61

Conceituais
Transferir, conhecer, classificar

Procedimentais
Organização e cooperação

Atitudinais
Manipulação e equilíbrio de objetos

JOGO DE CONSTRUÇÃO

A professora solicitará, com uma semana de antecedência, que os alunos tragam de casa materiais, como caixas vazias de vários tamanhos, vasilhames de plástico usados, latas, cabos de vassoura. A esses, serão acrescidos materiais que possam estar disponíveis na escola, como colchões, caixotes de madeira etc. Na sala de aula, a professora fará, no quadro, uma lista com os materiais disponíveis e perguntará às crianças se sabem como os engenheiros trabalham. Explicará a idéia de projetar, pensar, planejar antes de fazer. Desafiará a turma, distribuída em pequenos grupos, a fazer um projeto do que poderiam construir com aqueles materiais.

O passo seguinte é colocar o projeto em prática, determinando um tempo para cada grupo, pois, provavelmente, não haverá material disponível para todos.

Após a montagem, a professora convidará os outros grupos para descobrir o que foi montado.

Atividade 62

Conceituais
Identificar

Procedimentais
Andar, estar em pé, estar sentado

Atitudinais
Organização e cooperação

LOBO, COELHO E CENOURA

Com as mesmas latas que os alunos trouxeram em aulas anteriores, a professora solicitará que cada grupo escreva (do seu modo) e cole nelas três identificações: lobo, coelho e cenoura (um nome em cada lata). A atividade consistirá em contar uma história e pedir aos alunos que resolvam a questão. Um homem está tentando atravessar um rio com uma canoa, um monte de cenouras, um coelho e um lobo. A canoa não suporta o peso de todos juntos, só podendo levar o homem e mais um elemento de cada vez. O lobo e o coelho não podem ficar sozinhos; o coelho e as cenouras não podem ficar sozinhos. Os pequenos grupos deverão tentar resolver o problema e, quando encontrarem a resposta, terão de descrever os procedimentos ao professor.

Atividade 63

Conceituais
Discriminação visual

Procedimentais
Correr, arremessar

Atitudinais
Esforço para superar-se

FUGA MALUCA

Serão distribuídos pelo espaço dez garrafas plásticas de refrigerante vazias. A turma será dividida em duas equipes. Uma que chutará a bola e outra que defenderá.

Marcadas as posições, a criança da equipe que ataca, após chutar, deverá correr e tentar derrubar a maior quantidade de garrafas possível, enquanto isso, a equipe que defende deverá pegar a bola e, efetuando passes e arremessos, tentar "queimar" o corredor antes que ele derrube todas as garrafas. A equipe que ataca deverá anotar o número de garrafas derrubadas e ir somando todos os resultados, após terminarem os chute de uma equipe, ambas trocarão de lugar.

Atividade 64

Conceituais
Discriminação visual, atenção

Procedimentais
Arremessar, correr

Atitudinais
Organização

JUNTANDO AS LATAS

A professora convidará cada aluno a trazer uma lata de refrigerante vazia para a escola. A turma, dividida em duas equipes, poderá colorir as latas em duas cores para identificá-las. Espalhadas na quadra, o objetivo da atividade é conseguir derrubar a lata da equipe adversária arremessando uma bola pequena (de meia ou de borracha). Inicialmente, cada um tomará conta da sua lata, quando essa for derrubada, passará para a posse da equipe adversária que as colocará num canto. Os alunos que perderam as latas passarão a jogar do lado de fora das linhas da quadra, movimentando-se livremente para passar a bola ou derrubar as latas dos oponentes.

A professora poderá utilizar a metodologia de construção de novas regras pelo grupo e solicitar que as crianças as registrem em uma cartolina afixada em um local visível.

Atividade 65

Conceituais
Memorização

Procedimentais
Galopar

Atitudinais
Participação eresponsabilidade

PEGADOR DO CAVALEIRO
O cavaleiro deverá utilizar o arco como cavalo, posicionando-se dentro do gol. Ao sinal da professora, ele sairá galopando em direção aos outros, tentando alcançar um aluno, que retornará junto com o primeiro cavaleiro para dentro do gol, pegando um arco que se transformará em cavalo.

Atividade 66

Conceituais
Discriminação visual e auditiva

Procedimentais
Voleio

Atitudinais
Autoconfiança e autocontrole

BEXIGA AO ALTO
Cada aluno deverá receber uma bexiga (com cores predeterminadas).
Deverão conduzir essa bexiga por partes variadas de seu corpo, ao som de uma música. Quando a música parar, os alunos deverão aproximar-se de acordo com as cores e trocar de bexigas entre si.

Atividade 67

Conceituais
Atenção e concentração

Procedimentais
Drible

Atitudinais
Disciplina e organização

ALERTA COM PASSADAS REALIZADAS COM DRIBLES
Será proposto o **jogo do alerta**. Alguém joga a bola para o alto e grita o nome dos amigos. Quem tiver o seu nome chamado deverá correr e tentar pegar a bola. Quando pegá-la, gritará "Alerta". Todos devem parar de fugir e ficar imóveis.
O aluno em posse da bola deverá ir até o colega que escolher executando no máximo cinco quicadas de bola no chão. Tentará acertá-lo; caso consiga, o colega queimado receberá um Rá, depois Ré, depois Ri, e assim por diante, passando a jogar a bola para cima. Caso o arremessador não queime ninguém, outro aluno poderá jogar a bola para cima.
Uma variação é distribuir os alunos em quatro grupos, limitando o espaço de cada um deles e aumentando o número de bolas.

Atividade 68

Conceituais
Memorização

Procedimentais
Correr, andar, galopar

Atitudinais
Participação e responsabilidade

QUE HORAS SÃO?

As crianças sentam-se formando uma roda e a professora escolhe três delas para fazer o papel de gato, rato e porta. O gato ficará do lado de fora da roda e procurará a porta, que estará de costas para a roda. Quando encontrá-la, deverá bater e perguntar:

"O seu rato está?"
"Não!", respondem as crianças.
"A que horas ele volta?"

E a porta estabelece um horário.

O gato andará, correrá, galopará em torno da roda, e as crianças (que são o relógio) contarão as voltas que ele der correspondentemente às horas que se passarão.

O gato perguntará a cada passagem pela porta: "Que horas são?" As crianças responderão: "Uma hora", "duas horas" etc.

Quando o gato chegar ao horário estabelecido, tentará entrar na roda para apanhar o rato e as crianças procurarão abaixar os braços para evitar a entrada ou levantar os braços para facilitar a saída do rato.

Atividade 69

Conceituais
Transferir, conhecer

Procedimentais
Correr, andar

Atitudinais
Trabalho em grupo

LUTA DE SERPENTES

A turma deve ser dividida em duas ou mais equipes. Cada uma organizará separadamente uma fila com as mãos nos quadris ou nos ombros dos colegas da frente. O objetivo é que o primeiro de cada fila (a boca da serpente) consiga tocar o último da outra fila (o rabo da serpente). A cada rompimento da fila, a professora deverá paralisar a atividade e solicitar que as duas serpentes se organizem.

Atividade 70

Conceituais
Classificação

Procedimentais
Correr

Atitudinais
Respeito ao outro

TOCA

Toda a turma forma uma grande roda e cada um circulará com giz o seu local. A professora no centro da roda deve escolher algumas características visíveis ou não e solicitar o seguinte: "Deverão trocar de lugar os alunos que estiverem utilizando tênis"; "deverão trocar de lugar os alunos que torcerem para o Corinthians". Quando menos se espera, a professora entrará em um dos espaços marcados pelos alunos e, dando continuidade, o aluno que ficar sem espaço solicitará nova troca.

Atividade 71

Conceituais
Atenção e concentração

Procedimentais
Caminhar numa superfície de pequena amplitude

Atitudinais
Cooperação, trabalho em grupo

CONSTRUINDO A PONTE

Os alunos serão distribuídos em grupos de cinco ou seis. Cada aluno receberá uma folha de jornal que deverá ser dobrada quatro vezes. Com essa pequena "madeirinha" elas deverão construir uma ponte de um lado até o outro da quadra, não sendo permitido utilizar mais "madeiras" nem pisar "na água", ou seja, só poderão pisar no jornal. A professora deve realizar muitas interrupções para que as crianças tenham oportunidade de discutir possíveis soluções.

Atividade 72

Conceituais
Atenção e concentração

Procedimentais
Correr, estar em pé

Atitudinais
Participação

NUNCA TRÊS
A professora solicitará que a turma se distribua pelo espaço em duplas. Escolherá um fugitivo e um pegador, começa a perseguição. Quando o fugitivo ficar ao lado de uma dupla, o aluno que ficou do outro lado, passará a perseguir o aluno que estava pegando, alternando seu papel.

Atividade 73

Conceituais
Transferir, conhecer

Procedimentais
Equilíbrio em um só pé

Atitudinais
Cooperação e espírito de equipe

PRESIDENTE
A turma será dividida em duas equipes, que combinarão, entre si, quem será o "Presidente", aquele que comandará os movimentos dos demais.

A equipe que dará início à atividade ficará de costas para os colegas, que permanecerão sentados no chão. Ao sinal da professora, a primeira equipe, procurando manter-se equilibrada em um só pé, baterá palmas, fará movimentos com os braços, deslocamentos para a frente, para o lado e para trás, sob o comando do Presidente.

Enquanto isso, o grupo de crianças que está sentado tentará adivinhar quem é o Presidente. A situação se inverterá quando ele for descoberto.

Atividade 74

Conceituais
Transferir, conhecer

Procedimentais
Arremessar, receber

Atitudinais
Cooperação e trabalho em grupo

DEZ PASSES
A turma será dividida em duas ou mais equipes. O objetivo do jogo é tentar atingir a quantidade de dez passes, sem permitir que a equipe adversária "roube" a bola. Quem estiver com a posse de bola não poderá andar nem correr; os demais podem se movimentar livremente pelo espaço determinado pela professora.

Eixo Temático - Esquema Corporal

Atividade 75

Conceituais
Memorização

Procedimentais
Chutar

Atitudinais
Respeito às normas e regras

CHUTE-VÔLEI

O espaço utilizado deve ser o mais amplo possível e dividido ao meio por uma corda ou rede de voleibol, mantida à altura de um metro do solo. A classe será dividida em duas equipes, que ocuparão os lados diferentes da rede. A bola escolhida deverá estar bem cheia. O objetivo do jogo é chutar a bola por cima da rede e fazer que a defesa da outra equipe, ao devolver a bola utilizando os pés, seja dificultada. O professor poderá combinar um critério para organização das oportunidades de chute e para atribuição da pontuação.

Atividade 76

Conceituais
Memorização

Procedimentais
Arremessar e receber

Atitudinais
Respeito às normas e regras, e sociabilidade

TROCANDO AS BOLAS

Pequenos grupos dispostos nos quatro cantos da quadra, nomeados como frutas, animais etc., cada grupo com uma bola. Ao sinal, um aluno de cada grupo quicará a bola até um companheiro do grupo à sua direita. A atividade terminará quando todas as crianças tiverem participado.

Atividade 77

Conceituais
Identificar e conhecer

Procedimentais
Estar em pé e estar sentado

Atitudinais
Cooperação e espírito de equipe

CORRIDA DOS DEDOS
Pedir às crianças que tirem os tênis e fiquem de pés descalços, sem meia. Formar colunas e a uma distância de dez metros e traçar uma linha de chegada, colocando ali todos os pares de tênis num grande monte. Ao sinal do professor, os primeiros jogadores de cada coluna começam a corrida, movimentando apenas os dedos dos pés. Os dedos dos pés, um pé por vez, puxam o pé centímetros para frente, exercitando a musculatura do pé e trabalhando a dissociação dos dedos. Quando chegarem à linha de chegada, os jogadores precisarão encontrar seus tênis, sentarem-se e colocá-los. Rapidamente levantam-se e retornam à coluna, tocando no ombro do segundo jogador, que realizará o mesmo procedimento. Vencerá a equipe que primeiro estiver devidamente calçada. O aluno que vestir o tênis trocado ou pegar o tênis de outro colega será desclassificado. Com um total de cinco alunos desclassificados, a equipe toda perde a disputa.

Observação: Antes de iniciar a brincadeira, o professor orienta os alunos quanto à respiração, pois essa precisa ser abdominal. Ele pede aos alunos que se ajoelhem no chão, sentando sobre os pés, e com as mãos no ventre respirem calmamente. Se durante a respiração a criança levantar os ombros, enchendo o peito, a sua respiração estará errada. Se respirar assim durante a atividade física, em pouco tempo será tomada pelo cansaço, não obtendo sucesso.

Atividade 78

Conceituais
Atenção e concentração

Procedimentais
Manipulação de objeto

Atitudinais
Disciplina e organização

MASSAGEM
A atividade consiste em explorar o corpo com uma bola macia, e poderá ser realizada em duplas ou individualmente. O aluno deverá rolar a bola nas diversas partes do corpo, firmando-a entre as pernas, no pescoço, sob os braços etc.

Em dupla, o jogo poderá ser realizado com um par de crianças de costas uma para a outra, rolando a bola sem deixá-la cair.

Atividade 79

Conceituais
Memorização

Procedimentais
Saltar e saltitar

Atitudinais
Participação e responsabilidade

COLHER MAÇÃS
O aluno correrá livremente por alguns segundos, e então o professor gritará: "Colher maçã", e cada aluno saltará o mais alto que puder "apanhando" a "maçã" com a mão, e seguirá correndo para o lado oposto da quadra.

SALTAR PERNAS
Com os alunos sentados em fileiras com as pernas estendidas, e distanciados aproximadamente um metro do companheiro. O último saltará por sobre as pernas estendidas de cada colega e sentará na outra extremidade da fila, e assim sucessivamente.

Atividade 80

Conceituais
Classificar

Procedimentais
Estar em pé e estar sentado

Atitudinais
Respeito às normas e regras, e sociabilidade

A RAPOSA
As crianças ocuparão o espaço voluntariamente e imitarão os movimentos do professor ao cantar a música:

*"Eu tinha
uma raposa,
que gostava de comer capim.
De tanto,
Comer capim
O seu braço ficou assim..."*

A cada nomeação de um segmento do corpo, o professor adquire uma postura engraçada, e nela permanece até atingir o seu objetivo com a nomeação: braço, mão, perna, pé, coxa, quadril, cintura, barriga etc.

Atividade 81

Conceituais
Transferir e conhecer

Procedimentais
Rolar

Atitudinais
Cooperação e espírito de equipe

ATIVIDADE COM COLCHÕES
Dependendo da quantidade de colchões disponível, os alunos serão divididos em pequenos grupos. Sob orientação do professor, os alunos explorarão todas as formas de rolamento, para frente, para trás e lateral. Após esse momento de exploração, o professor solicitará a execução adequada de cada um dos rolamentos, enfatizando as noções de segurança que poderão ser postas em prática pelas próprias crianças.

ATIVIDADE MUSICADA
O professor começará cantando a música e, ao término, sairá correndo atrás das crianças tentando pegá-las. Aquela que for tocada ajudará o professor, cantando e perseguindo os colegas. A forma que as crianças terão para proteger-se do pegador será deitando e rolando lateralmente.
Música:

Um pintinho em cima do telhado
Foi dar um passo caiu no chão
Bateu o bico, quebrou a asa, foi pro hospital fazer operação
Oh seu pintinho tome cuidado, que lá em cima tem um gavião
Oh seu pintinho tome cuidado, que lá em cima tem um gavião
Olha o gavião!

Atividade 82

Conceituais
Atenção e concentração

Procedimentais
Parada de mãos

Atitudinais
Disciplina e organização

VIVENCIANDO A PARADA DE MÃOS
O professor desafiará as crianças a ficarem de cabeça para baixo. Essas procurarão todas as posições possíveis. O professor poderá orientá-las a utilizar o apoio dos colegas, das paredes ou do próprio professor.
As crianças devem ser orientadas sobre os cuidados necessários com a região cervical, posicionamento dos braços e postura ideal para a região lombar. Aconselha-se a presença de mais de um adulto nesta atividade e a realização dos movimentos sob a supervisão do professor.

Atividade 83

Conceituais
Discriminação visual e auditiva

Procedimentais
Chutar

Atitudinais
Autoconfiança, autocontrole e esforço para superar-se

MINUÊ

A classe deverá ser disposta em um ou mais círculos, e o professor contará a seguinte história: com o início da história as crianças deverão caminhar, ou seja, fazer o círculo girar.

"Era uma vez um reino onde o rei proibia qualquer toque entre as pessoas. Um dia, o rei resolveu fazer uma festa para homenagear sua filha. Nesta festa, todos os súditos dançavam separadamente".

Ao terminar cada frase, as crianças gesticularão, chutando para dentro e para fora do círculo, e cantarão: Minuê, minuê, me gusta la dancê. Minuê, minuê, me gusta la dancê.

"Mas nessa festa ninguém esperava que um súdito, cansado de tanta proibição, tivesse a idéia de colocar cachaça nos sucos e refrescos da festa. O rei bebia e bebia ... quando, para surpresa de todos, o rei ordenou que na dança todos colocassem as mãos na cintura do companheiro da frente".

E a dança continua, agora com as mãos na cintura do colega da frente... Minuê, minuê, me gusta la dancê.

"O rei, cada vez mais bêbado, ordenou aos súditos que segurassem na cintura do segundo colega à frente..."

A dança continua, agora com as mãos na cintura do segundo colega da frente... Minuê, minuê, me gusta la dancê.

"Mas o rei, fora de si, ordenou que segurassem na cintura do terceiro da frente..."

A dança continua, agora com as mãos na cintura do terceiro colega da frente... Minuê, minuê, me gusta la dancê.

"Até que o rei, totalmente bêbado, ordenou ainda que, segurando na cintura do terceiro colega da frente, sentar-se-iam no colo da pessoa que estava atrás e continuassem a dançar ..."

Alunos cantam, executando os mesmos movimentos, sentados no colo dos colegas e segurando na cintura dos outros. Se, ao executarem os movimentos, caírem e desmancharem o círculo, não há problema algum, afinal todos estão grogues.

BOLA ERRANTE OU BOBINHO

Os alunos em pé, formando um círculo, e um dos alunos ao centro. Aqueles receberão uma bola que deverá ser passada de um ao outro, evitando que o "bobinho" assuma a posse da bola. Caso isso aconteça, o último que a tocou deverá ocupar o lugar de bobinho.

O professor pode permitir ou não o uso do drible, ou até mesmo estipular o número máximo de toques na bola para cada um dos participantes.

Atividade 84

Conceituais
Memorização

Procedimentais
Girar os braços e flexionar o tronco

Atitudinais
Participação e responsabilidade

"DIG-DIG-JOY-DIG-JOY-PÓ-PÓ"
As crianças serão organizadas em um grande círculo e o professor ficará na metade do círculo cantando a música e fazendo movimentos em seqüência. As crianças terão que prestar atenção para fazer os mesmos, até chegar a última criança.

O professor irá aumentando a quantidade de movimentos, mexendo todas as partes do corpo, cada vez mais rápido, sendo que a criança que errar a seqüência sairá da atividade.

ENCHER A BEXIGA
Contar uma história conhecida, por exemplo, Pinóquio.

Determinar que durante um momento da história, todas as vezes que a palavra Grilo Falante for dita, a criança deve soprar a bexiga. No final da história, verificar quem conseguiu encher a bexiga até estourar.

Atividade 85

Conceituais
Discriminação visual e auditiva

Procedimentais
Equilíbrio num só pé

Atitudinais
Autoconfiança, autocontrole e esforço para superar-se

MAMÃE MANDOU
As crianças estarão espalhadas pela quadra de frente ao professor, que dirá: *"Mamãe mandou"* e as crianças perguntarão: *"O quê?"*, o professor responderá: *"Rastejar-se pelo chão"*, e todos irão fazer. *"Mamãe mandou"* professor, *"O quê?"* crianças, *"Andar em uma perna só – esquerda e o braço direito levantado"* professor. *"Mamãe mandou"* professor, *"O quê?"* crianças, *"Todos sentarem em círculo e fecharem os olhos"* professor. Esse iniciará um relaxamento com uma história que ele criará na hora, e assim sucessivamente.

Atividade 86

Conceituais
Classificar

Procedimentais
Rolar

Atitudinais
Participação e responsabilidade

CAÇADA

O professor delimitará o espaço para o jogo – quadra ou pátio – marcando quatro currais com giz. Um jogador será o escolhido para ser o caçador e os demais receberão o nome de quatro bichos diferentes. O caçador permanece entre os currais e os bichos em um curral qualquer.

Iniciando o jogo, o caçador grita o nome de um bicho. Todos os pertencentes a esse grupo deverão trocar de curral galopando. Neste momento, a função do caçador será tentar tocar um colega e aprisioná-lo temporariamente em um curral. O professor deverá estipular e controlar o tempo de jogo, permitindo assim que várias crianças passem pela experiência de caçador.

Atividade 87

Conceituais
Atenção, concentração

Procedimentais
Respeito às normas e regras

Atitudinais
Estar sentado

DETETIVE

A professora deverá preparar previamente pequenos pedaços de papel com a distribuição das funções: detetive, vítima e assassino. O número de papéis deve corresponder ao número de participantes. Faz-se uma roda e cada um retira e lê o seu papel. Quem receber o papel de "assassino" deverá piscar para as "vítimas" sem que o detetive note. O detetive deverá descobrir quem está piscando para os outros. A vítima morre quando o assassino piscar para ela. Deverá dizer "Morri." E ficar em posição diferente dos outros, para o assassino não se confundir. O detetive, se perceber o assassino, deverá dizer "Preso em nome da lei!", ganhando o jogo.

Essa atividade requer a leitura ou pseudoleitura das funções nos papéis.

Atividade 88

Conceituais
Classificação, identificação, criatividade

Procedimentais
Estar em pé, estar sentado, equilíbrio em um só pé

Atitudinais
Cooperação

RUA DO COMÉRCIO

A professora deve preparar vários pedacinhos de papel com o nome de objetos pertencentes a uma determinada casa comercial: pão, biscoito, cafezinho, pão doce, torta etc., que fazem parte da padaria; martelo, prego, serrote, madeira, que fazem parte da marcenaria, e assim por diante. Cada criança deve pegar um pedacinho de papel e caminhar pelo espaço falando bem alto o nome do seu objeto.

Quando perceberem semelhanças, deverão ficar agrupadas. Quando todos encontrarem os seus devidos lugares, deverão escolher um nome para o recinto comercial e elaborar uma propaganda (dramatização).

Atividade 89

Conceituais
Identificar, transferir, conhecer

Procedimentais
Preensão

Atitudinais
Respeito ao outro, conhecimento de si

ESPAÇO CORPORAL

Em duplas, as crianças receberão um pedaço de giz. Enquanto uma permanecer deitada, a outra marcará os contornos do seu corpo no chão. Ao terminar o desenho, completará os detalhes – unhas, olhos, nariz. A professora estimulará a escrita das partes do corpo, sinalizando-as com flechas.

Atividade 90

Conceituais
Identificar, transferir

Procedimentais
Estar em pé, estar sentado

Atitudinais
Trabalho em grupo

RETRATO DE FAMÍLIA

A turma será dividida em pequenos grupos que receberão uma relação familiar, contendo por exemplo: dois avós, dois tios, oito irmãos, duas mães, dois pais, seis sobrinhos, seis filhos.

A regra do jogo consiste em compor aquele retrato da seguinte forma: pessoas idosas em pé, adultos ajoelhados, crianças sentadas no chão. Casais de braços dados e irmãos uns ao lado dos outros. A cada hipótese proposta, a professora deve ser chamada pelos alunos e conferir, caso a família composta esteja "correta" ela fingirá tirar uma foto, caso esteja "errada" a máquina da professora não funcionará.

Atividade 91

Conceituais
Identificar

Procedimentais
Estar em pé

Atitudinais
Esforço para superar-se

DESENHO ANIMADO

A professora preparará pequenos papéis com o nome de diversos personagens de filmes, desenhos animados ou livros. As crianças da turma, divididas em duas equipes, tentarão ler e representar com mímicas aquele personagem. Marcará pontos a equipe que acertar a maior quantidade de personagens ou que realizar a tarefa em menor tempo. Deverão ser elaboradas relações diferentes para cada grupo.

Atividade 92

Conceituais
Transferir, conhecer

Procedimentais
Parada de mãos

Atitudinais
Autoconfiança, esforço para superar-se

ESTRELINHA

Essa espécie de atividade motora, por envolver um certo desafio prático, é bastante motivante. A professora poderá desafiar os alunos a executar o movimento da estrela (rodar com o corpo passando pela posição invertida quando as mãos estiverem no chão). Após algumas tentativas, a professora observará que alguns alunos são capazes de fazer o movimento (que é muito conhecido, em razão de seu uso na capoeira). O professor solicita que eles repitam o movimento para que os demais os observem. Ele deverá orientar os alunos a dividir o movimento em partes: colocar um pé na frente, depois uma mão, depois outra, levantar os pés e colocá-los do outro lado, por exemplo. Todos os alunos deverão retomar a prática. Num segundo momento, a professora estimulará o grupo a escrever como se faz a estrela, para ensiná-la a um amigo distante, que não tem como falar com eles.

Atividade 93

Conceituais
Atenção e concentração

Procedimentais
Estar de pé e estar sentado

Atitudinais
Conhecimento e respeito a si e aos outros

MORTO-VIVO
Com os alunos em círculo, a professora poderá conduzir a atividade ou solicitar a algum deles que o faça. O objetivo é alternar comandos de "Morto", quando os alunos se sentam no chão, ou "Vivo", quando os alunos ficam em pé.

PEGADOR AGACHADINHO
Variação de pegador em que o "pique" (ou zona de proteção) é a posição de agachado. A professora deverá constantemente trocar o aluno que está pegando para variar a atividade.

DURO-MOLE
Idem à atividade desenvolvida acima; contudo, dessa vez, quem for pego permanecerá imobilizado até que alguém o toque, "salvando-o" e inserindo-o novamente na atividade.

Atividade 94

Conceituais
Atenção e concentração

Procedimentais
Parada de mãos

Atitudinais
Disciplina e organização

SAPO
Solicitar aos alunos que imitem o salto do sapo, colocando todo o peso do corpo sobre as mãos. Utilizando um colchão, pedir para aos alunos que coloquem as duas mãos no colchão e escalem a parede mantendo os braços e as pernas estendidas.

De costas para a parede, pedir para os alunos colocarem as duas mãos no colchão sem flexionar os braços e manterem as pernas estendidas.

A professora os ajudará a ficar na posição de parada de mãos, auxiliando-os no uso da parede, ou solicitará que trabalhem em duplas.

Pedir para os alunos tentarem, com o próprio impulso, permanecer em parada de mãos.

Atividade 95

Conceituais
Andar, correr

Procedimentais
Transferir e conhecer

Atitudinais
Autoconfiança, esforço para superar-se

AULA COM JORNAL

Cada aluno deverá receber uma folha de jornal. Atendendo aos pedidos do professor, deverá jogar o jornal para cima e entrar embaixo dele; jogar o jornal, deitar-se e procurar fazer com que a folha caia sobre o corpo; jogá-lo sobre as costas; jogar o jornal e tentar equilibrá-lo em diversas partes do corpo etc.

Em um segundo momento, a professora alternará momentos de corrida dos alunos com momentos para cobrir determinadas partes do corpo dos colegas (cabeça, ombro, perna, coxa etc.).

Atividade 96

Conceituais
Atenção e concentração

Procedimentais
Estar em pé e estar sentado

Atitudinais
Conhecimento e respeito a si e aos outros

O PASSEIO

Ao som da música, todos os alunos devem passear pela sala; ao corte da música, a professora deverá dizer: "Passeando pela floresta, encontrei um animal" (exemplo: animais rastejantes e animais que não rastejam). Quando falar o nome de um animal que rasteja, os alunos deverão sentar-se e, quando falar o nome de um animal que não rasteja, os alunos deverão permanecer em pé.

Animais que rastejam: jacaré, cobra, lagarto, calango, tartaruga, jabuti, crocodilo.

Animais que não rastejam: onça, leão, tigre, urso, elefante etc.

Todos os alunos devem se sentar em círculo, com um deles no centro. Ele terá de escolher qualquer um dos seus colegas e passar-lhe a bola, trocando de lugar com ele. O aluno que estiver sentado precisará prestar atenção para não deixar a bola cair. Nesse momento, deixará em aberto as novas criações dos alunos a partir da atividade proposta.

Atividade 97

Conceituais
Transferir, conhecer, identificar

Atitudinais
Respeito às normas e regra

Procedimentais
Estar em pé, estar sentado

QUADRO DOS NOMES

A professora preparará um quadro com o nome de todos os alunos em forma de cartões (pregados com percevejo ou fita crepe). Cada aluno, um por vez, será desafiado a ir até o quadro e escolher um nome sem retirar o cartão. Ele deverá descrever algumas características do amigo, ou até imitá-lo em alguma situação marcante. Apenas esse aluno poderá identificar-se, recebendo o cartão e fazendo uma nova escolha.

Atividade 98

Conceituais
Transferir, conhecer, identificar

Procedimentais
Estar em pé, estar sentado

Atitudinais
Respeito às normas e regras

TORRE

Dividir a classe em duas equipes. Traçar um círculo grande no chão e posicionar um cesto de lixo ou uma caixa de papelão no centro, que pode ficar em um plano elevado. Uma das equipes terá a função de proteger a torre e a outra tentará derrubá-la arremessando bolas leves (de meia).

A professora poderá combinar com os alunos diversas regras: as bolas que permanecerem dentro da roda podem ou não ser devolvidas aos arremessadores, haverá um tempo para o ataque de cada equipe etc.

Essas regras poderão ser registradas e afixadas em algum lugar à vista de todos.

Atividade 99

Conceituais
Memorização

Atitudinais
Sociabilidade e respeito às normas e regras

Procedimentais
Chutar

FUTPAR

Os alunos, em duplas de mãos dadas, receberão três variações de movimento.

Tocar a bola e chutar somente com o pé direito, tocar a bola e chutar somente como pé esquerdo, e trocar de duplas. Todos, inclusive os goleiros, deverão jogar em duplas sem se soltarem. Caso, durante a jogada, uma dupla se solte, deverá ser cobrada uma falta do local onde se deu o fato.

Atividade 100

Conceituais
Identificar, comparar

Procedimentais
Andar, empurrar

Atitudinais
Esforço para superar-se

VALE-TUDO

Toda a turma comporá um só círculo de braços entrelaçados. Dois alunos serão escolhidos para ficar no centro. Ao sinal da professora, as duas crianças procurarão espaços para sair, tentando passar por baixo dos braços do companheiro.

Organizadamente, a professora deve substituir os alunos escolhidos.

Atividade 101

Conceituais
Discriminação visual, discriminação auditiva

Procedimentais
Andar, empurrar

Atitudinais
Esforço para superar-se

O NAVIO

As crianças, dispostas em círculo, marcarão seus espaços no chão com giz ou com um bambolê. A professora, no centro da roda, começará a contar uma história dizendo que eles estão navegando e o mar está balançando o navio. Todas as crianças balançam seus corpos. Ela avisa aos alunos que uma onda jogou o navio para a direita, e todas as crianças vão para os espaços que estão à sua direita; se ela diz que o jogou para a esquerda, todas as crianças vão para a esquerda, e assim por diante. Quando a professora disser: "Tempestade", todas as crianças irão para qualquer lugar, e a professora também. Assim, a criança que ficar sem espaço continuará a história.